跨文化交际视域下的高校日语
教学策略研究

崔美玉◎著

⑤ 吉林大学出版社

·长春·

图书在版编目（ＣＩＰ）数据

跨文化交际视域下的高校日语教学策略研究 / 崔美玉著 . -- 长春：吉林大学出版社，2024.4

ISBN 978-7-5768-3108-5

Ⅰ.①跨… Ⅱ.①崔… Ⅲ.①日语－教学研究－高等学校 Ⅳ.① H369.3

中国国家版本馆 CIP 数据核字 (2024) 第 092056 号

书　　　名　跨文化交际视域下的高校日语教学策略研究
　　　　　　KUAWENHUA JIAOJI SHIYU XIA DE GAOXIAO RIYU JIAOXUE CELÜE YANJIU

作　　　者　崔美玉　著

策划编辑　殷丽爽

责任编辑　殷丽爽

责任校对　李适存

装帧设计　守正文化

出版发行　吉林大学出版社

社　　址　长春市人民大街 4059 号

邮政编码　130021

发行电话　0431-89580036/58

网　　址　http://www.jlup.com.cn

电子邮箱　jldxcbs@sina.com

印　　刷　天津和萱印刷有限公司

开　　本　787mm×1092mm　1/16

印　　张　11.5

字　　数　200 千字

版　　次　2025 年 1 月　第 1 版

印　　次　2025 年 1 月　第 1 次

书　　号　ISBN 978-7-5768-3108-5

定　　价　72.00 元

前　言

随着改革开放进程的不断加快，中国的综合国力显著增强。中国与世界各国的联系也越来越频繁。中国与日本是一衣带水的邻邦，在漫长的交往历史中，中国与日本在经济合作、文化交流、贸易往来等方面相互借鉴，不仅促进了中国的繁荣，也促进了日本的发展。众所周知，中日两国的交流与合作，离不开语言这一交际工具。日语作为中日两国跨文化交际的语言工具，在中日跨文化交流与合作中起着重要的作用。如今，中日两国各领域合作、交流已进入常态化，日资企业也大量涌入中国，因此日语人才的需求也更加强烈。优秀的日语人才是中日友好往来的前提，也是中日跨文化交际的保障。我国也意识到日语人才培养的重要性，在学校增设了日语专业，对日语教学也给予了高度重视。

跨文化因素是影响日语教学的重要因素之一。语言与文化之间存在着紧密的联系，日语也不例外。随着文化多元化的发展，世界各国的文化不断碰撞与融合，跨文化活动也日益显著。日语承载着文化的最新动态，只有在跨文化活动中，才能成为有意义的符号系统。如果中日双方不了解对方的文化，就不可能实现有效的跨文化交际。近年来，日语教育界越来越重视跨文化交际能力。2018 年，教育部颁布的《外国语言文学类教学质量国家标准》从跨文化视角解读了日语教学，指明了日语教学的重要发展方向，是促进日语教学适应当今时代的重要举措。可以说，跨文化与日语教学的有效融合，有利于学习者更深入地理解日语背后的文化，掌握从跨文化视角思考日语应用的方法，有利于提高学习者的跨文化交际能力。

本书共分八章。第一章为跨文化交际概述，分别介绍了语言、文化与交际，跨文化交际基本知识两个方面的内容。第二章为跨文化交际与日语教学，主要介绍了四个方面的内容，依次是跨文化交际视域下的日语教学现状、日语教学中导入文化的必要性、日语文化教学的基本原则、日语文化教学的手段及方法。第三章为跨文化交际视域下的日语听力教学，论述了日语听力教学的原则和方法、跨文化交际视域下日语听力教学策略。第四章为跨文化交际视域下的日语口语教学，阐述了日语口语教学的原则和方法、跨文化交际视域下日语口语教学策略。第五章为跨文化交际视域下的日语阅读教学，介绍了日语阅读教学原则和方法、跨文化交际视域下日语阅读教学策略。第六章为跨文化交际视域下的日语写作教学，论述了日语写作教学的原则和方法、跨文化交际视域下日语写作教学策略。第七章为日语教学中跨文化意识和跨文化交际能力的培养，阐述了日语教学中跨文化意识的培养、日语教学中跨文化交际能力的培养。第八章为跨文化交际视域下日语教学模式的创新，主要介绍了四个方面的内容，分别是 OBE 理论下的日语教学模式、"互联网＋"时代的混合式日语教学模式、互联网背景下的多模态日语教学模式、新时代课程思政下的日语教学模式。

在写作过程中，笔者查阅了很多国内外相关资料，吸收了很多与日语教学研究相关的研究成果，借鉴了大量学者的观点，在此表示诚挚的感谢！由于日语教学的发展性和创新性，再加上笔者能力有限，书中难免存在疏漏之处，请广大同行、读者批评指正。

作　者

2023 年 5 月

目 录

第一章　跨文化交际概述

人类在发展过程中创造了文明，形成了文化。无论是指南针、造纸术还是电灯、电话都是人类共有的财富，人们在享受科技文明的同时也赞叹人类精神文明的伟大。人们对不同国家、不同种族的物质文明比较容易接受，但是对不同国家、不同种族与自身文化存在巨大差异的精神文明却难以理解。本章内容为跨文化交际概述，阐述了语言、文化与交际以及跨文化交际基本知识。

第一节　语言、文化与交际

一、语言

语言在各种文化分类中都有着重要的作用，了解并认识语言的内涵、功能，可以帮助我们理解语言的作用以及语言教学在文化教学中的作用。

（一）语言的定义

美国语言学家爱德华·萨皮尔（Edward Sapir）认为，语言是人类所特有的、非本能地使用自发创作的符号沟通思想、表达情感和愿望的交际手段。诺姆·乔姆斯基（Noam Chomsky）在《句法结构》一书中指出：语言是一组（有限或无限的）句子，每个句子长度有限，并由有限的成分构成。根据语言学家对语言的定义我们可以总结出：语言是用于交际的符号系统。这也是语言的本质。

人类语言区别于动物语言的特别之处在于以下四个方面：第一，语言具有任意性。在语言中词素的音和义之间的组合是任意的，符号和所指物之间并没有必然的经过设计的关系。第二，语言具有结构的二重性。在语言研究中，语言学家发现语言具有双重结构，即语言的低级结构和高级结构。语言序列化的切分成分排列被称为语言的低级结构，这种语言是无意义的，语言有意义的最小单位的集合被称为语言的高级结构，如词素和词，而语言低级结构中的语音单位可以组成高级结构，这一特点被称为结构二重性。第三，语言具有创造性。我们在表述时可以对本族语言进行理解和创造，这是由于语言结构具有二重性，我们才可以将低级语言结构随意组合成高级语言结构，从而形成句子，达到表述的目的。语言表述不受时空限制，即语言既可以对在场的对象进行描述，也可以对不在场的对象进行描述，甚至可以对过去或未来的对象进行描述，描述的对象既可以是现实存在的也可以是想象的。第四，语言具有文化传递性。人类对语言的掌握需要通过学习来完成，这一技能并非跟随基因先天拥有的生物技能，而是需要后天学习的技能，语言学习本身是一种特殊的文化现象。

现阶段，我们对语言学的研究正在逐渐深入，在语音、句法、语义、语用等方面都取得了一定的成果，但是对于语言的起源这一问题还没有确定的研究成果，大部分学说针对这一问题都偏向于感叹说、劳动叫喊说这类假说，但是这类假说中可能产生的语言词汇是十分有限的，并不能合理解释人类语言的种种复杂现象。

（二）语言的功能

语言是交流的工具，所以语言的主要功能是交流。罗曼·雅各布森（Roman Jakobson）在其著作《语言学和诗学》中定义了言语行为的六个要素，即说话者、受话者、语境、信息、语码、接触，并在此基础上构建了语言功能框架。

韩礼德提出语言元功能理论，包括概念功能、人际功能和语篇功能。概念功能构建经验模型和逻辑关系；人际功能反映社会关系；语篇功能反映语言和语境的关系。

1. 信息功能

韩礼德的概念功能实际上就是语言的信息功能，人们通过语言表达思维，表达自我意识，记载、记录、传递信息。这也是语言的一个重要功能。

2. 人际功能

人们通过语言表达来建立和维系社会关系，明确自身的身份地位，因此语言具有一定的社会功能，也被称为人际功能。人际交往双方的语言表达能反映双方之间的关系，人们可以通过语言表达的态度和词汇的运用来区别不同的关系和亲密程度。

3. 施为功能

语言具有施为功能，也就是行事功能，在特定的场合中使用特定的语言，从而影响受话者的社会地位甚至命运。在婚礼、宣判、祈福这类场合中，语言都具有施为功能。

4. 情感功能

语言具有情感功能，这一功能主要有两种表现方式，一种是表达者通过语言来表达自身情感，另一种是表达者通过语言来改变受话者的情感，如表示赞扬或责备等。

5. 娱乐功能

语言还具有一定的娱乐功能，人们根据需求利用语言的音、意、节奏等特点来进行创造，产生了各种具有娱乐功能的语言类别，如绕口令、儿歌、诗歌等，从而满足人们的娱乐需求。

6. 元语言功能

语言的元语言功能特指人们对语言学进行研究，并用语言对研究过程和结果进行记录。

二、文化

（一）文化的定义

文化的涉及范围很广，很多学科的研究都会涉及对文化的研究，如语言学、社会学、人类学等。也有专门研究文化的学科，即文化学，它是一个对人类文化现象进行系统、全面、深入研究的学科。文化学将各种文化现象作为主要研究对象，分析和研究这些文化现象的结构层面，探索它们之间的关系，并在此基础上，对人类社会的各种文化现象与千变万化的大自然现象之间的相互联系和作用进行深入的探讨与研究。通过这些综合性的深入考察，文化学对人类社会的文化整体结构、具体特征以及其在漫长的历史演变过程中形成的演变规律进行探索与揭示，以此总结并揭示各种文化现象中蕴含的普遍规律和它们所体现出的共性的文化本质。文化学研究的不断深入使文化学的理论成果越来越丰富且有深度，这些成果为跨文化交际学以及语言文化交际学的研究提供了学理性的支持，是对这两门新兴学科进行深入研究的主要理论依据。

对于"文化"的定义，由于人们各自研究的角度不同而有着不同的理解与认识。但是，最具普遍性的理解就是用"文化"这个词来形容一个人的受教育程度，也就是我们平时所说的"有文化""没文化"。此外，"文化"这个词，可以被用来形容或者描述某种现象，如我们通常说到的"流行文化"；还可以被用来形容某种文化思潮，如"朋克文化"等。但是，一直以来，对于"文化"的定义，学界并没有形成统一的认识，关于"文化"的定义，自始至终都是学界争论的一个主题。早在半个多世纪之前，美国著名的人类学家阿尔弗雷德·L. 克罗伯（Alfred L. Kroeber）和克莱德·克拉克洪（Clyde Kluckhohn）在 1952 年共同创作了《文化：概念和定义的批判性回顾》一书，这本著作一共收集了约 160 条"文化"定义，这些定义来自心理学、哲学、社会学、人类学等众多学科领域的世界著名学者对文化的评述，时间跨度在 1871 年至 1951 年，克罗伯和克拉克洪还将这些定义进行归纳整理，并将它们分为行为规范性定义、描述性定义、遗传性定义、心理性定义、结构性定义、历史性定义、不完整性定义七组。下面我们选择其中几条最具代表性的进行分析阐述。

1. 字典释义

我国《辞海》中关于"文化"的定义有广义与狭义之分。《辞海》中对"文化"一词的具体界定：广义"文化"是指人类在社会实践过程中所获得的物质、精神的生产能力和创造的物质、精神财富的总和。狭义"文化"是指精神生产能力和精神产品，包括一切社会意识形式，有时特指教育、科学、文学、艺术等方面的知识与设施。

《现代汉语词典》中关于"文化"的定义是这样阐述的："文化"是指人类社会历史发展过程中所创造的物质财富和精神财富的总和，特指精神财富，如文学、艺术、教育、科学等；指运用文字的能力及一般知识。

《牛津双解词典》中关于"文化"的定义是这样界定的：艺术或其他人类共同的智慧结晶。《牛津双解词典》中对于"文化"做的这一定义，主要是从智力产物的角度对"文化"一词所蕴含的意义进行阐释。

《美国传统词典》中对"文化"的含义做了如下界定：人类文化是通过社会传导的行为方式、艺术、信仰、风俗以及人类工作和思想的所有其他产物的整体。当然，《美国传统词典》中对"文化"的含义界定的范围比较广泛，其中既包括了高层次文化，同时又包括了低层次文化，如文化习俗、传统、行为习惯等方面的文化内容。

2. 词源释义

"文化"一词源于拉丁文，其最初的含义包含耕种、居住、练习、留心或注意以及敬畏神灵等方面的意义。"文化"一词包含了物质和精神两个层面的文化含义。文化最初的含义是耕种，之后人们又将其对土地的开垦和对植物的培养延展到人的身上，引申为对人的身体与精神的开发培养，并逐渐加深其含义，最终延伸为指代人们的思维和生活方式以及在生产生活中为了征服自然和发展自我而创造的物质、精神财富。"文化"一词含义的变化是由于古代生产和生活水平低下，人们的思想意识决定了当时人们的观念中耕种同敬神有着极为密切的关系，而与人们生产生活息息相关的耕种与居住，也就成为物质文化中的两大主要元素。当时社会环境下敬神与哲学共同构成了文化中形而上的精神元素。

3. 爱德华·泰勒关于文化的定义

爱德华·泰勒（Edward Teller）是英国著名的人类学家，他著有《原始文化》一书。在这本著作中，爱德华·泰勒对"文化"的定义是这样阐述的：文化是一个复杂的综合体，具体包括知识、艺术、宗教、神话、法律、风俗以及人类在社会生产实践发展中所形成的一切能力与习惯。[①] 一些学者认为爱德华·泰勒关于"文化"的定义，缺少了对物质文化层面内容的阐释界定，忽略了物质文化的元素。但是，也有一些学者指出，尽管在爱德华·泰勒关于文化的定义中忽略了物质文化的元素，但是在他的著作《原始文化》中，仍然有着许多关于物质文化方面的例子，这些例子都可以进一步对他的理论进行论证。

4. 克罗伯和克拉克洪关于"文化"的定义

美国著名的人类学家克罗伯和克拉克洪在 1952 年合著的论著《文化：概念和定义的批判性回顾》一书中，对于当时学界关于"文化"一词的各种角度、各种或抽象或具体的定义进行了总结，并在此基础上提出了自己对文化含义的界定：

---

① 泰勒. 原始文化 [M]. 蔡江浓，译. 杭州：浙江人民出版社，1988.

文化，是由"外显"和"内隐"的行为模式构成的，这种行为模式通过象征符号得以传播，文化代表了人类群体的显著成就，包括它们在人造器物中的体现。[①]传统观念所带来的价值观念是文化的核心，文化体系产生于人们的生产生活，又通过影响人的价值观念影响人类活动，可以说文化体系和人类活动是互相影响的关系。克罗伯和克拉克洪关于"文化"的定义广泛涉及了人类社会活动的方方面面。"文化"指导着人类社会生活中对待他物的一切行为与态度。在很多情况下，一个人的社会行为活动、生产生活无不被打上了其他人经验的烙印，而这一点，也是文化的形式。文化在克拉克洪的观点中被描述为人类活动的宏伟蓝图。

5. 萨莫瓦尔、波特等人关于文化的定义

拉里·萨莫瓦尔（Larry A. Samovar）和理查德·波特（Richard E. Porter）共同出版了《跨文化交际》一书，在这本书中，萨莫瓦尔、波特对"文化"是这样定义的：经过若干个世纪以来个人与集团的努力，多数人所继承的知识、经验、信念、价值观、态度、意义、阶级、宗教观念、时间观念、角色分工、世界观、物质财富等的总体。关于文化具体的表现形式，就在于特定的社会群体的日常行为规范中，在于某一特定社会群体的交际行为方式中，还在一个社会群体所应用的语言中。[②]在萨莫瓦尔、波特等人对文化所界定的含义中，包括了"时间观念""空间的运用""思维方式"等交际中的一些重要的内容。

6. "文化"的比喻意义

我们日常生活中所产生的与衣食住行、物质生活、礼仪风俗等有关的文化，对于文化的整体来说只是"冰山一角"，还有许多文化内容被隐藏在"海面"之下，是我们平时所看不到的，这一部分人类用肉眼看不到的文化，也就是某一社会群体在社会生产实践中形成的世界观、价值观等。可是，若发生巨轮撞击冰山的事件，多数情况下，巨轮都是撞到了冰山隐藏在海平面以下的部分，冰山露出海面的部分，是能够被巨轮避开的。同样的道理，跨文化交际中发生的一些矛盾和冲突，只有认真剖析，才能找出最主要的矛盾焦点，如同轮船与冰山相撞时，受到冲击的往往是隐藏在海面下的部分一样，跨文化交际过程中发生的矛盾也是源于不同民族文化中形成的世界观、价值观差异。在日常生活中，我们很少能够感觉

---

① 孔雪飞，王楠，张美香. 文化融合思维与英语教学研究 [M]. 长春：吉林人民出版社，2020.
② 王珊，马玉红. 大学英语教学的跨文化教育及教学模式研究 [M]. 武汉：武汉大学出版社，2018.

到文化差异的存在，甚至感受不到文化对日常生活的影响。当然，这同我们生来就浸润在自己母语文化中有着密不可分的关系。母语文化早已成了我们日常生活中不可或缺的部分。这些被忽略的母语文化早已深深地印在我们的脑海中，在日常生活与行为中成为一种自然而然的反应。

"文化"的定义各种各样，有从抽象到具体、有从现象到本质，还有从物质到精神，难以一言尽述。但是，不管文化的定义有多少，对于文化所涵盖的相关方面的内容，外语教学都应将其纳入教学范畴并逐渐渗透语言文化教学中，以实现通过外语跨文化交际教学培养跨文化交际人才的目标，使语言学习者能够真正在跨文化交际教学中学到所需的文化知识和技能。因此，跨文化交际相关方面的知识内容，始终是外语教学中不可忽视的重要内容。

（二）文化的特征和分类

1. 文化的特征

（1）文化不是人类与生俱来的，而是通过后天努力习得的

一个人拥有哪种类型的文化，同他的肤色、种族没有关系，而是由其成长的环境决定的。例如，一个人用什么样的语言进行交谈，并不是由这个人的肤色、种族等因素来决定的，而是完全由他成长的环境来决定的。其实，一个人的行为、姿态，与其所处地区的文化传统有着密不可分的关系。例如，在日本的文化传统中，人们见面后要相互鞠躬问好，而在很多国家的文化传统中，大家见面问好的方式是相互拥抱亲吻，拉美文化中人们见面之后是通过脱帽问好的方式来表达彼此的敬意。在不同民族的文化中，无论是哪个民族所拥有的文化，同其所属的民族没有直接的关系，同其出生成长所在的民族环境有着直接的关系。一个有着中国血统的孩子，如果从小在外国的文化环境下长大，那么这个孩子所接受的就是外国的生活习惯、行为方式、饮食文化、思维习惯等；而一个其他国家的孩子，如果从小在中国的文化环境下长大，那么他所接受的就是中国的文化思想，其方方面面都会受到中国文化传统的影响。由此可见，文化是人类通过后天的环境与个人努力而习得的，并不是人类与生俱来的。

（2）文化是能够被人类传承发展的，它属于人类社会的巨大遗产

千万年来，任何一个民族的文化之所以能够被后世继承发展，最主要的原因是关于这一民族文化信息的主要内容能够得以传承和发展，这是人类文化存在并

延续下去的一个关键点。因此，如果任何一个社会中的社会价值观念已经存在了很多年，那么生活在这一社会中的人们就有责任也有义务将其代代传承下去。其中，人类的文化同人类之间的交际又是密切相连的。交际是使人类文化得以传承的主要渠道，而正是文化的这种传承性，使人类实现了同祖先的对话，将人类的祖先与后代紧密地联系在一起。

（3）文化的基础是文字符号

在人类文化的发展过程中，语言发挥着十分重要的作用。在早期文字还没有诞生的人类社会中，文化是通过人与人之间口耳相传来得以传承的，人类在社会生产劳动中所获得的经验、知识、信仰、观念等都依靠这种方式得以传承。随着人类社会的发展进步，生产力的发展将一部分人从繁忙的体力劳动中解放出来，从事脑力劳动，于是文字得以产生。而人类文化，在文字产生之后得以用文字的形式记录下来并一代代延续下去，并由后辈儿孙继承。文化在人类社会发展中具有传承性，因此无论是哪个民族或者哪种社会的文化，都不可避免地有其历史积淀的内容，表现出一定的历史积淀性。

（4）文化的发展变化是一个动态的过程

文化是动态发展变化的，不是一成不变的。任何一个民族的文化，都不是在真空中发展的，因此无论哪个国家和哪个民族的文化，都是一个变化发展的系统。文化在其传承过程中，不可避免地会受到外部多种因素如环境、时代的影响，还会受到外部观念变化的影响而产生不确定性的变化。文化主要通过三种机制发生变化，分别是文化渗透、文化革新、文化移入。

（5）文化的整体性

文化是一个成系统的、具有整体性的体系，一个部分或者因素的变化必然影响到其他部分、环节的改变。

（6）文化具有民族中心主义倾向

不同的民族有着不同的语言体系和文化内容，一个民族在评判其他民族文化或者看待事物时都会以自身的文化为标准，这种特点被称为文化的民族中心主义倾向。人类学家通过调查发现，无论哪种民族文化都不可避免地存在着民族中心主义倾向。很多学者认为，不同的民族，从各自民族特有的文化视觉角度来看待世界上的事物，这是很自然的事情。只要不是特别极端化的民族中心主义倾向，就会产生一定的正面效果。但是，需要注意的是，一旦本民族的母语文化同外族文化发生矛盾时，民族中心主义倾向就可能产生很大的副作用。例如，我们经常看到或听到的所谓"我们正确，他们错了"的论点，就是民族中心主义倾向的体现。当然，民族中心主义倾向是一种不自觉的无意识行为。

（7）文化具有一定的适应性

任何一个民族的文化，都有非常强大的适应能力，否则就不会在千万年中延续下来。无论是哪个民族的文化，都有着很强的适应能力，以不断改变自我来适应时代变化的需求，跟上新的形势。众所周知，犹太民族在过去经历了巨大的苦难与动荡，这使得犹太民族散布到世界的每个角落。可是，犹太民族的文化，并没有因此被其他民族文化所吞噬。恰恰相反，犹太民族的文化在动荡的时代中调整自我，从而得以更好地在世界各地保存下来并继续发展。另外，在第二次世界大战中，整个日本社会与日本经济几乎遭受了毁灭性打击，但是日本文化被完整地保存了下来。日本与犹太这两个民族的例子，就是对民族文化适应性的最佳证明。

2. 文化的分类

文化的各个构成成分呈现出了较为复杂的特征，其中既包括具体可见的"实体性的文化"，又包含抽象的"概念性文化"。文化结构的复杂性导致文化分类的多样化，文化分类实质上是对构成文化的各个要素和成分的分类。目前，学术研究领域对文化的分类有广义和狭义两种标准。此外，又增加了知识文化与交际文化的分类标准，对此下文将进行具体的论述。

（1）广义文化与狭义文化

当前，学术研究领域根据文化的层次和范围将文化分为广义文化和狭义文化。在社会发展的进程中，人类的精神活动和人类的思维活动会产生许多精神财富，包括语言、哲学、文学、美术、音乐、宗教等，这些都属于狭义文化的范畴，因此对于狭义文化我们可以将其理解为人类精神生产能力和精神劳动相结合的产物，包含一切社会意识形态特征。同狭义文化相对应的就是所谓的"广义文化"。广义文化具体包含了物质文化与精神文化两个层面。准确地说，广义文化指的是有关人类在社会实践过程中所获得的物质生产与精神生产的能力以及所创造的物质、精神财富的总和。其中，一个民族的物质文化，在整个民族文化中代表的是这个民族在某一个特定时间段内社会生产力所达到的水平，如石器时代、青铜时代等，就是对人类在当时特定的生产时期社会生产力所达到的水平的最好概括与标志性阐释。

（2）知识文化与交际文化

知识文化与交际文化的分类标准，是以文化在教学过程中所具有的功能与作用为基础的。交际文化与知识文化都是以跨文化交际为主要理论基础的。知识文化因素通过所具有的知识文化内容来决定其参与交际的形式；交际文化因素通过对信息的制约模式来决定其参与交际的形式。知识文化与交际文化这组对应概念可以帮助我们对大学外语文化教学中的文化因素属性进行理解和探讨。

（三）文化的表现形式和作用

1. 文化的表现形式

一种文化系统的内部往往呈现出不同的姿态。克罗伯和克拉克洪将文化分为外显文化和内隐文化，人们只有真正理解了内隐文化才能理解文化的本质。

文化是一个大范畴，文化包含人类社会在漫长的发展历史中所产生的实物、风俗习惯和制度、思想产品和心理意识等，文化涵盖了政治、艺术、经济、宗教、民俗、哲学、心理等社会生活的各个方面，包括了人类改造过的自然和自然物。文化可以被广义地定义为某一特殊社会生活方式的整体，因此可以有罗马文化、阿拉伯文化、华夏文化等一系列概念。同时，这一整体中的部分，因为能够体现该文化的特色，所以也可以被称为文化。

2. 文化的作用

（1）文化的社会作用

长久以来，文化产生于人类认识自然、改造自然的过程中，是人类宝贵的精神财富。文化影响着人们的思想意志，将精神力量转化为物质力量，从而对人类社会生活的各个方面产生影响——先进的、健康的文化对社会发展产生推动作用，落后的、腐朽的文化对社会发展起着阻碍作用。

文化对人类与社会也有其他方面的作用。从广义上说，人类社会的持续发展离不开三大要素，即其自身系统的"结构、稳定与安全"，而文化与这三个要素息息相关，因此可以说文化影响着社会的长久发展。从狭义上说，文化在人类社会中构造出了各种情境，使社会成员可以在这些情境中充分发挥物理、心理与语言作用，可以说文化造就了人类的日常生活环境。

（2）文化的教化作用

文化产生于社会发展之中，每个时代的文化可以说是当时社会意识形态的缩影，因此文化的传播有着一定的教化作用。文化不仅对当时社会的人们有着一定的影响，使他们在思想意识、价值观念和信仰上与社会普遍要求保持一致，还能通过其中蕴含的知识体系、价值观念、思想信仰和行为规范等规范人们的行为，同时文化的传承还会在一定程度上给后世的人们提供借鉴，让人们更好地适应社会环境和社会关系。

（3）文化对经济的作用

文化可以影响人们的思想观念，使人们开阔视野、增长见识，促进思想解放，文化还能够使社会成员有一定的凝聚力，提高人们的文化素养，从而推动经济发展。

（4）文化对个人的作用

文化可以使人们更好地认识自然、认识社会并融入社会，还可以陶冶人们的情操，提升人们的道德水平，使人们的思想意识得到更好的发展。优秀的文化能够丰富人的精神世界，培养健全的人格，引领人们前进，激发人们的精神力量，促进人的全面发展。

（四）文化的层次和发展

1. 文化的层次

文化是一个十分庞大的体系，涉及社会生活的方方面面，文化具有复杂性和多样性的特征，其随着社会的发展而不断变化，因此很难在现阶段对文化有一个清晰明确的划分标准，但是我们可以从不同的角度去看待和分析文化。

通过对文化结构的剖析来对文化进行分类也会产生不同的见解和分类方式。文化可以简单地分为物质文化和精神文化，也可以分为物质文化、制度文化、精神文化，还可以进一步细化为物质、制度、风俗习惯、思想与价值。文化的分类学说中还有六大子系统说，这一学说将文化分为物质、精神、社会关系、语言符号、艺术、风俗习惯六个子系统。无论如何分类，文化都是为人类社会生活所用的，任何一种文化都蕴含着生产生活的理论、方式或思想、认知，因此也可以说文化分为两种，一种是生产文化，一种是精神文化，前者是科技文化，而后者是生活思想文化。

在人类学研究领域中，文化被分为三个层次，即高级文化、大众文化和深层文化。高级文化是指一些思想意识成果，包括哲学、文学、艺术、宗教等；大众文化主要是人类社会的一些衣食住行、人际交往等生活方式以及长期积累的一些习俗等；深层文化主要包括人类社会的一些审美观念和面对问题的思考方式以及与性别、阶层、职业、亲属关系相关的个人角色。深层文化是人类最基本的活动或意识的体现，其中的某一概念会反映在大众文化中，又会通过艺术形式或文学主题反映在高级文化中，因此深层文化是高级文化和大众文化的基础。

从广义上来讲，文化有四个层次，分别为物态文化层、制度文化层、行为文化层和心态文化层。物态文化层指的是人类物质生产活动及其产物的总和，是一种实物范畴的文化，可以被具体感知；制度文化层主要是社会现存的制度，包括社会经济制度、婚姻制度、家族制度、政治法律制度以及各种社会组织等；行为文化层包括多种多样的民风民俗，一般以地域区分；心态文化层包括社会的种种意识形态，分为社会心理和社会意识两大类。

2. 文化的发展

（1）文化发展的原因

①人与自然之间的矛盾运动是文化生成和发展的重要原因。为求生存，人要在适应自然的同时不断地改造自然，文化是人类改造自然的成果。人类的需求逐渐由简单到复杂、由单一到多样化，在满足物质需求的同时，又要满足精神需求，这就为人类文化的发展提供了动力。

②人与人之间在社会系统内部的矛盾运动是文化发展的直接动力。文化产生于各种社会活动之中，是人类认识世界、改造世界的特有产物，一方面文化在社会生产的方方面面中孕育而生，另一方面影响着社会内部的各种关系。各种各样的社会关系和社会矛盾激发了文化的产生和发展，推动着人类文化的不断进步和繁荣。

③不同文化系统之间的交流，甚至矛盾冲突也是文化发展的重要因素之一。文化也会根据不同的地域或人文习俗形成不同的类型，进而演化为不同的文化系

统，文化会以起源地为中心形成独特的文化圈（或文化区）。文化圈越来越大，就会出现不同文化圈交叉、重合的现象，从而促进文化的发展。

（2）文化发展的方式

①文化系统的自我更新。所谓自我更新，是指文化系统在其基本稳定的基础上，通过增值或损益，以及文化系统表层结构的变化，使文化得到发展，这是文化发展的基本方式。在自我更新的文化系统内部，始终存在着文化的继承和创新的矛盾，能否正确对待文化继承与创新的问题，常常是决定文化系统能否顺利发展的关键。

②文化的变迁。所谓文化变迁，指的是文化的跳跃性发展，或文化的突发性变化。文化变迁一般表现为文化发展的突然中断或文化停滞。文化系统之间缺少交流使文化系统本身越来越封闭；或是人与自然的关系逐渐趋于平衡，无法进一步刺激文化的发展；又或是文化系统之间的不平等，导致某一文化被压制而无法得到发展，这些都是文化停滞的原因。

三、交际

交际时刻都在发生，只要有人类活动存在，交际就不可避免。在人类社会中，随时随地都能看到交际实例，如每天都要打电话，通过网络进行联系、聊天以及人们之间的交谈等，都是最为典型的发生在人与人之间的交际行为。此外，婴儿的啼哭也是一种交际行为，婴儿通过哭声向母亲传递"自己饿了、不舒服了"等信息。在交通规则中，驾驶员开车时遵守的"红灯停绿灯行"规则，也是一种交际行为。这样的例子，还可以列举很多，毫不夸张地说，交际是人类社会一切行为与活动的基础。

（一）交际的定义

对交际最基本的理解就是发生在人与人之间的一种行为来往与信息交换的过程。关于交际的定义，其实很多学者都从各自的学术角度提出了自己的观点，并尝试着对"交际"作出自己的学术界定。目前来看，关于交际的最基本的界定，主要有两类学说，一类学说认为：交际是一个"说服"的过程，即信息的传递者通过信息传递对信息的接收者产生影响的过程；另一类学说认为交际是一个"分享"的过程，即将少数人拥有的信息通过信息传递分享给更多的人。这两类学说的主要区别在于，前者认为交际是一个有意向的过程，更注重信息传递者传递信息的意向，后者则更强调"共享"。在实际的跨文化交际中，虽然有意向的交际比较多，但是仍然存在很多无意向的交际活动。而且在不了解对方风俗习惯的情况下，只根据自己的经验与对方交际，可能引起消极效果。目前，共享派占多数，《简明不列颠百科全书》《中国大百科全书》中对"交际"一词的定义都属于共享派，因此跨文化交际中"交际"的定义更偏向共享范畴，强调信息之间的共享。

不管是在哪一种语言中，"交际"都有着相应的词汇与解释。在中文中，"交际"一词古已有之，《孟子·万章章句下》中就有这样的句子："敢问交际何心也？"由此可以看出，在古人的思想意识中，所谓的交际，实际上是一种彼此之间的礼尚往来，这也是我们中华文明一直崇尚的礼仪交往之道。《现代汉语词典》中对交际是这样注释的：交际是人与人之间的一种往来接触。

（二）交际的基本要素和模式

1. 交际的基本要素

交际的基本要素有信息发出者、信息接收者、编码与解码、反馈、交际渠道与语境。在交际发生的过程中，这些要素非常重要，没有这些因素的存在，交际就不可能发生。

（1）信息发出者

所谓信息发出者，指的就是发出信息的主体，这一信息发出主体可以是人，也可以是某个组织、语言群体或者国家。例如，当一个国家的领导人在某个重要的场合进行一次讲话或者演说时，领导人就是发出信息的主体。但是，当一个国家的领导人代表国家向另一个国家发出战争宣言时，信息的发出者就不再是这一领导人个体，而是这一国家。

（2）信息接收者

信息接收者同信息发出者有着极为相似之处，指的就是接收信息的主体。信息接收者既可以是个体的人，也可以是一个群体性的组织或者国家、民族。例如，在日常工作中，下级接到上级的各种命令这一行为，信息接收者就是个体的人。但是，当一个国家接收到联合国下发的各种信息通知时，信息的接收者就变成了国家。当然，信息的接收者在接收信息时，有时是一种有意识的行为，有时是一种无意识的行为。

（3）编码与解码

信息的传递是交际行为过程中通过交际双方都能够接受理解的一定的符号系统来实现的。在信息传递的过程中，信息发出者将自己要传递的信息转换成交际对象能够接收、认识、理解的符号系统的过程，就是一个编码的过程。当然，在这个编码过程中，信息发出者所采用的符号系统既可以是语言性的符号系统，也可以是非语言性的符号系统。例如，在学生最熟悉的课堂中，如果有学生在搞小动作或者说悄悄话，教师就会通过语言对他们的行为进行制止。教师的这种行为，就是通过语言符号向学生传达信息。当然，有时候教师在讲课的过程中为了保持其他学生的注意力，就不会停止讲课，而是通过眼神来传达自己想要制止其行为的信息。那么，这时候教师传递信息的符号系统就是非语言性的。与此相对应的过程是信息接收者的解码过程，即信息接收者在接收到信息发出者的符号信息后，将这些符号信息转换为意义的过程。还是以上述例子为例，说话的学生在接收到教师发出的阻止自己说话的语言信息后，停止说话并安静下来，这就是对信息发出者发出的信息符号解码的过程。在解码过程中，由信息发出者发出的符号信息被信息接收者转换为自己能够理解的意义进行接收。同样的，对于语言性符号系统的解码也是如此。

（4）反馈

信息接收者对信息产生一定的反应并回馈给信息发出者的过程被称为反馈。反馈是交际双方对交际是否有效或顺畅地实现进行判断与评价的一个极为重要的标准。例如，对同一本书，不同的阅读者阅读，具体的反应不尽相同。但是，只有这些阅读者参与某一项阅读调查活动，或者阅读者通过写信、打电话的方式将自己的阅读感受告知作者，作者才算得到了反馈。反馈是交际过程中的一个重要环节，交际者通过反馈的过程得到交际对象反馈给自己的信息，这样才能更好地对交际的效果作出明确的判断，从而对自己在交际过程中不合适的行为及时进行调整。一般情况下，面对面发生的交际更容易达到最佳的交际效果，这是因为交际双方在面对面交流中能够及时得到交际对象的信息反馈，从而对自己在交际过程中的不恰当行为及时进行调整，使得交际效果最佳。

（5）交际渠道

交际渠道是发生任何交际方式的必要条件。在交际发生的过程中将信息发出者与信息接收者连接起来的媒介被称为交际渠道，交际渠道可分为两种类型，即直接渠道和间接渠道。直接渠道是指在交际过程中交际双方能够进行面对面的交流，信息通过面对面的方式直接传递给交际对象。在交际过程中，正因为这种面对面的交流，交际双方获取的信息量是最为丰富、最为准确的。同时，交际者在交际过程中能够得到及时的、直接的反馈，最大限度地减少了信息传递时的误差，确保了信息的准确性。伴随着互联网以及各种高新科技的发展，信息传递的渠道与方式非常多，每一种方式都是十分便捷的。但是，在这个信息传递如此便捷的时代，各国的领导人还要进行互访，其实就是为了通过直接的信息传递渠道获取最为准确、最为丰富的信息。当然，任何一种传递方式都有着无法规避的缺陷，直接渠道也有其不足之处。因为交际双方是面对面交际，所以必然受到时空限制。同时，直接渠道的信息传递，信息受众面被限制在很小的范围内。相对于直接渠道，间接渠道恰到好处地弥补了直接渠道的不足之处。间接渠道的最大优势就在于其不会受到时间与空间的限制。例如，在我们日常生活中最为常用的间接渠道就是移动电话。当然，同直接渠道一样，间接渠道也有着无法规避的不足之处。那就是通过间接渠道进行传递的信息，在传递的过程中很可能因为种种原因发生信息扭曲或者丢失的现象。以信件邮递为例，可能因为邮局发生错误的投递使信件丢失，导致信息发出者的信息无法及时准确地传递到信息接收者的手中。再拿口耳相传的信息传递来举例，通过第三者的信息传递，很可能因为对信息理解的失误或者记忆性的错误而使要传递的信息扭曲。

对于现在跨文化交际频繁发生的时代来说，直接渠道的信息传递显得更为必要。因为交际双方能够面对面交流，所以可以及时准确地获取大量丰富、准确的信息，并且能根据交际对象的反馈，对交际过程中自己不合适的行为举止迅速作出调整，从而更好地确保跨文化交际顺利流畅地进行。

（6）语境

语境指的是交际发生时交际双方所置身的场所与当时的情境。语境是依赖交际主题而存在的。对交际产生影响的一切客观因素都可以看成语境。语境分为上下文语境、情景语境、社会文化语境。交际时发生的语境，对交际双方深入认识、理解交际内容有很大的促进作用。当交际发生时，如果交际双方能够提前对交际的语境有所了解，那么交际者能够在很大程度上对交际过程有一个大致的预测。

2. 交际的基本模式

（1）双向交际模式

威尔伯·施拉姆（Wilbur Schramm）对交际模式做了一个交际模式图，形象直观地对信息发出者与信息接收者之间的信息传递过程，也就是信息的编码与解码过程进行了描述：信息发出者将自己所要发出的信息进行编码后传递给信息接收者，信息接收者在接收到信息发出者传递过来的信息之后进行相应的解码，然后对信息进行接收理解。在此基础上，再将自己解码后对信息的理解与认识反馈给信息发出者。在这个反馈过程中，信息接收者要对反馈给信息发出者的信息进行编码。在信息发出者接收到信息接收者反馈回来的经过编码的信息之后，同样也要进行相应的解码并对反馈信息进行解读。这样，在信息发出者与信息接收者之间不断地进行信息的交流，从而产生相互作用。在这一过程中，信息交流的双方既是信息的发出者又是信息的接收者，双方身份在不断地转换，形成一个双向交际模式。

（2）单向交际模式

单向交际模式与双向交际模式不同，不存在信息交流的过程和双方的互动，只有发出者单方面发出了信息，而接收者并没有给出反馈。在单向交际模式中，最为鲜明的特征就是在交际过程中，只有信息发出者单方面发出了信息，而信息接收者在交际过程中只是被动地进行了信息的接收。单向交际模式的信息发出过程不容易受到其他因素的影响而导致信息传递被阻碍打断，因此通过单向交际模式传递的信息量大，传递的速度也非常快。但是，单向交际模式也有着极为明显的缺点，那就是因为信息接收者没有及时对接收到的信息进行反馈，所以对于信息发出者来说，并不能准确地判断信息的接收效果。例如，我们经常在课堂上看到教师一个人在进行单向的信息传递。在这种单向的信息传递过程中，教师认真地讲，学生认真地听，但是不管师生多么认真，始终都会因为这种单向的信息传递方式而致使教师无法准确、及时了解对学生对知识的掌握情况。也正因如此，我们会发现，在这种单向的教学模式作用下，最常出现的问题就是教师非常辛苦地讲解知识，学生也在认认真真地听讲，可是最终的教学效果却并不理想。究其原因，主要是单向交际模式所致。

（三）交际的特征

交际是一个包含多种元素在内的极为复杂的人类行为过程。对交际的特征进行深层面的理解与掌握，能够帮助人们更好地认识、了解交际这一行为活动过程。

1. 交际是一个动态的变化的行为过程

交际是一个不断变化发展的过程。在这个流动、变化的过程中，交际双方的语言与行为，很快会被接下来的语言与行为所代替。打个比方来说，交际是一部不断变化的动画片，而不是一幅静止不动的图画。在交际的过程中，交际双方会不断地受到彼此之间交流信息的相互作用与影响，并且在此过程中，构成交际过程的其他因素之间也会相互作用和影响。正因为如此，我们才说交际是一个不断变化发展的过程。

2. 交际是一个不可逆转的过程

这里所说的"交际是一个不可逆转的过程"，指的是交际只要发生了，就必然会是一个完整的活动，根本就没有被收回的可能，也就是我们所说的"交际的不可逆转性"特征。举个简单的、在日常生活中经常发生的例子，一个人一旦说出了某件事或者某些话，并被交际的另一方听到，就很可能被其赋予说话者根本没有表达的意义。但是对于说话者来说，已没有收回已经说出的话的可能了。

3. 交际具有符号性

符号是人类在生产实践过程中产生的，是人类在社会交际中用来传达信息的媒介。在人类社会交际行为中，符号承载着交际双方要传递的信息。这一符号，可以是语言性的，也可以是非语言性的。人类交际过程中使用的符号具有一定的主观性。任何一个民族在交际时，必然有着这一民族在交际过程中形成的符号系统。但是，不同的民族赋予这些交际符号的意义是不尽相同的。从语言学的理论观点来看，符号及其所代表的、被人类赋予的含义之间的关系是任意性的。例如，语言文字"鸟"与"鸟"这种动物之间没有任何必然的联系。最为鲜明的标志就是在不同的语言中，表示"鸟"这种动物的符号是不同的。同一种动物，在不同的语言群体中，用不同的语言符号来表示。

4. 交际是一个系统的过程

交际的发生不是一个孤立的过程，而是在诸多因素作用下发生在一个包括场所、时间以及交际人数等元素构成的庞大的系统中。

交际的发生是在特定的场景中，交际双方在交际中运用的语言以及行为举止，都同交际发生的特定场景或语境有着紧密的关系。甚至可以说，交际双方在交际时需要遵守的交际规则，很大程度上是由交际场景或交际语境来决定的。此外，在进行交际时，除了语言行为的得体性之外，交际者的服饰也要适合交际场景，如在重要场合要身着正装，不能穿得过于休闲，男士一般需要穿西装打领带，这就是交际场景对交际者服装选择的限制作用。

而且，交际发生的场所在某种程度上也影响着交际双方的言谈举止，对交际双方的言行进行一定程度的约束。例如，一个人在礼堂、饭店、学校这些不同的场所，交际时所发生的言谈举止将呈现出很大的不同。一个人的交际行为，无论是有意识行为，还是无意识行为，都与深深根植在大脑中的民族文化有着密不可分的关系。在交际行为的背后，民族文化起着决定性作用，影响着交际者对交际行为的选择。而民族文化中所规定的交际行为模式不尽相同，有着各自的民族特色。

在影响交际的诸多因素中，时间是最不明显、最容易被交际双方忽视的一个因素。可是，无论是哪种交际行为，都必然是发生在某一时间内的交际行为。例如，一些正式场合中的演讲，同我们日常工作和生活中发生的谈话行为，所用的时间长度是不同的。时间有时也是人们发生交际的一种行为，如我们为了工作方便用到的备忘录、时间表等。这时，我们就会感觉到因时间而产生的紧张感与紧迫感，从而产生一定的压力。在交际过程中，参与交际活动的人数因素，也会对交际的过程产生一定的影响。最为简单鲜明的例子就是，当一个人讲话时，他所面对的对象是一个人还是一群人，其心理感受与行为方式必然是不同的。

5. 交际是一个自省的过程

在交际的过程中，交际双方不仅仅利用交际符号系统来实现自己的交际目的，如对发生在自己周围的事情与自己周围的人进行必要描述与思考，同时还会通过这一套交际符号系统对自己交际过程中的行为举止进行反思。交际符号的这种特性，使交际者在交际过程中同时扮演了交际执行者与交际观察者两个不同的角色。

也正因为交际的这一特性，才使交际者在交际过程中能够及时对自己的交际行为进行观察，并且根据交际需要随时调整交际行为与语言。那么，从这个角度对交际行为进行观照，我们可以将交际过程看作一个交际者不断进行自我反省与调整的过程。例如，人们对自己在交际中的言谈举止给予更多的关注。因此，当交际发生时，交际者就会花较多的时间与精力来关注自己在交际中的行为表现。但是，也有一些人习惯于对交际对象的言谈举止给予更多的关注，相对于对自我交际行为有所自省，他们更愿意花费更多的时间与精力来关注交际对象的言谈举止。

6. 交际是一个交际双方交互的过程

在交际的过程中，所有参与者都在发挥着各自的作用，影响着交际的结果，参与者都在共同为意义的创造与保存而努力发挥着自己在交际中应有的作用。

根据交际发生的时间不同，交际有着过去发生、现在发生以及将来发生的区别。当然，交际者在交际过程中，对某一种情境产生的反应与感受，也会因为交际者自身经验、情绪与期待的不同而不同。例如，在交际过程中，如果我们对交际对象比较熟悉，在过去就有过交际，那么最容易发生的事情就是根据过去对交际对象的经验认识对即将同交际者发生的交际行为进行预测。与此相对应的是，对于未来的交际期望，也会影响到现在发生的交际行为。例如，如果期望在未来交际中同现在的交际对象保持友好的交际关系，那么在当下的交际过程中，交际者对于自己的一些不当言谈举止，就会及时作出调整，以便将来交际顺畅。

7. 交际发生在特定的语境中

任何一种交际都有其特定发生的语境。这一交际发生的语境，可能是社会的，也可能是物理的，还可能只是一种交际的人际关系。

其中，所谓交际发生的"物理语境"，指的是交际行为发生的真实地点。可能是室内，也可能是室外；可能是吵闹的环境，也可能是安静的环境；可能是公开的公共场所，也可能是私人性的会所；可能发生在阴暗的环境中，也可能发生在明亮的场所中。

所谓交际发生的"社会语境"，指的则是交际发生时各类不同的场合，如婚礼、葬礼、课堂等。交际发生的社会语境不同，对交际双方的言谈举止也有着不同的要求与规定。例如，在一些国家的文化礼仪中，婚礼上只有新娘才可以穿白色的礼服，若宾客穿白色衣服参加婚礼，则会让人认为该宾客不尊重新娘，是一种非常不礼貌的交际行为。上课时，大家都应该遵守的规则就是安静，若是在课堂上没有经过教师允许随意交谈，则会被看作是一种非常不礼貌的行为，也是一种不尊重教师的行为。与此相反的是，我们在观看体育比赛时，要求观赛者大声呐喊助威，这样才符合比赛的氛围与场合。

交际双方在交际发生时所具有的社会人际关系被称为交际的人际关系语境，在不同的人际关系语境下，交际参与者的行为会有不同的表现，不同关系、不同身份、亲密程度不同的人之间的交际行为期待也是不同的。例如，即使是在校外环境中，教师与学生之间和学生个体之间的交往也是有差异的，同事之间和家人之间发生的交际行为也是不同的，无论是语气语态、行为举止还是话题选择，都会有所不同。

（四）语言交际

在构成人类交际行为的诸多因素中，语言是最主要的一个因素。而语言的习得同各种社会、心理、生理等诸多方面的因素有着密切的关系。因此，对语言进行必要的学术性研究，不仅仅是语言学学科要进行的课题，还需要生理学、心理学、社会学、哲学、人类学等相关学科的共同关注和研究。语言研究是一种跨学科的研究，具有综合属性。

人类与动物有很大的区别，如人类具有发达的大脑，能够制作生产劳动中需要的各种工具，还能通过语言符号进行交际，等等。但是，在诸多的区别中，最为本质、最能体现人类与动物区别的特征只有语言。语言是一定的声音与符号意义相联系，并且遵照一定的语法规则构成的系统。科学家研究发现，在动物世界中，也有一些动物通过简单的声音与动作相互传递信息，如猴子、海豚等。但是，动物之间用来传递信息的声音与动作，只能用来表达最为简单的意义，并没有与之相对应的文字、语法规则，也没有语用规则需要遵守。

语言是人类认识外部世界的主要工具和手段，在人类进行自我思考和反省、进行人类文化与文明的传承以及人类之间发生交际时，都需要通过语言这一符号系统构建起来的渠道和媒介来实现。但是，语言并不只有积极的一面，在交际过程中还有其消极的破坏性的一面。现实生活中我们都接触过这样的例子，如有的人因为语言的不得体而得罪交际对象，因此我们不能忽略语言所蕴含的影响力。

语言巨大的影响作用甚至能改变一个人的行为举止。但是，在跨文化交际中，语言要产生影响力，并不像同种语言文化交际一样顺利，相反，还会受到多种因素的制约。

我们在阅读一些外国优秀文学作品时，常常有人提醒，最好能够阅读原著。因为原著中的很多精华在翻译过程中或多或少会有失真的现象。这种观点同样适用于跨文化交际过程中语言所受的局限性。因为，在一种民族文化中用到的概念，在另一种文化中不一定能找到对应的概念来进行翻译。例如，汉语中的"风水""门神""叩头"等，在其他文化中没有对等概念出现。还有一种情况，将一种民族文化中某一个词语的概念移植到另一种民族文化中，就不能用一个与之相对应的词语来进行译借，而需要通过很长的句子甚至是一段话来对其进行解释。食物也是表达民族文化的一个重要部分，如中国的满汉全席、韩国的泡菜、日本的寿司等，无不蕴含着本民族的文化传统。此外，中国饮食里还有众多外国饮食文化中没有的东西，所以在翻译的时候不能采取简单直译的方式，否则就会贻笑大方。

（五）文化对交际的影响

人们通过语言表达进行交际，交际行为与语言息息相关，人们在交际中往往十分关注语言内容，认为掌握和理解对方的语言表达就能实现一定的交际意向，但是事实并非如此，在交际过程中文化也有着重要的影响，人们的交际方式取决于自身所接触到的文化。文化对交际的影响有两个方面，即对言语交际的影响和对非言语交际的影响。

1. 文化对言语交际的影响

文化对言语交际的影响体现在很多方面，前面我们已经讨论了文化对语言本身的影响，这里我们重点关注文化对交际风格和交谈方式的影响。

首先，文化对交际风格会产生一定的影响。文化有着地域性特征，不同文化区的人的交际风格也会不同，交际风格主要分为两类，分别是直接交际风格和间接交际风格。在直接交际风格中，人们的表达更加直抒胸臆，通过语言直接地表现出自己的意愿或意图。间接交际风格的表达元素更加丰富，并非单纯使用语言进行直接的意图表现，而是有意识地用模糊不清的语言对自己的意愿进行隐藏，通过其他方式让交际对象感受到，也就是我们常说的"意会"。在间接交际风格中，人们往往需要根据语境揣摩对方的意图，从而达到交际双方的目的，维持交际中的体面，进而保持一种友好的关系。这种交际风格多存在于亚洲国家，如深受儒家文化影响的中国、韩国、日本等。

语境交际风格也是受文化影响而产生的交际风格之一，在这种交际风格下人们更关注交际者的身份和地位，从而选择适合的表达方式。不同的社会关系选择的对话代词也不同。例如，在韩国和日本，根据不同的身份在敬语运用方面有所不同；在泰国，人们在选择代词的形式时要考虑对方的地位和与自己熟悉的程度等因素。

其次，文化对交谈方式会产生一定的影响。交谈是交际的主要方式，不同文化环境下人们的交谈方式也会有所不同，掌握某一文化的交谈方式会使交谈双方在该种文化环境中的交际更加舒适、方便。

2. 文化对非言语交际的影响

非言语交际也是交际的一种主要方式，也会受到文化的影响。在我们的日常生活中，通常会认为语言是交际的主要方式，但其实非语言行为在交际中也有着十分重要的作用。研究表明，一般在面对面的交际活动中，信息的社会内容大部分是运用非语言行为的方式传递的，非语言行为是一种后天习得的行为方式，非语言行为也是经过一定时期的历史积淀而留存下来的具有地域特点的行为习惯，与文化的产生过程类似，具有一定的社会共同性。文化在非语言行为方面的差异性主要表现在以下三方面。

第一，身势语行为。肢体语言是非语言行为的重要组成部分，包括特定的手势、眼神等，这些肢体动作会被人们赋予不同的意义，而在不同的文化背景下，相同肢体动作的意义也有所不同。例如点头这个动作，在大多数的文化中都代表"是"或"同意"的意思，也可以在打招呼中使用，而在阿尔巴尼亚和保加利亚则表示"否"或"不同意"。在不同的文化中也可能使用不同的肢体动作来表示同一个含义。例如"再见"，中国人一般用挥动手掌来表示，在意大利和哥伦比亚则通过手掌和手指随手腕前后摆动来表示。由此可见，非语言行为本身并没有一定的规律，主要还是取决于文化的影响和人们长久以来的行为习惯。

第二，近体距离。人与人之间在交际活动时都会保持一定的距离，一旦距离超过了界限就会令交际双方或一方产生不适的感觉。在不同的文化影响下，人们的近体距离界限也不同。例如在中国，人们在并肩同行时习惯保持一米左右的距离，同性之间可能稍微近一些；而在阿拉伯，在乘坐电梯时即使电梯内只有两个人，双方也会保持很近的距离。由此可见，有的国家习惯性在交际时保持较远的距离，从而表示对他人的尊重和礼貌，而一些国家在交际时则习惯比较近的距离。

第三，色彩学。色彩在人们的服饰和各种场景中会被赋予不同的意义，人们对色彩的理解也受到文化的影响。例如在中国，白色一般多用在葬礼这样的场景中，通常表示悲伤；但是在一些国家白色象征着纯洁，通常会作为婚礼的主色调；在中国，红色较多出现在婚礼或新年等喜庆欢快的日子里，但是在日本，人们忌讳使用红色作为礼品包装；紫色在拉美国家代表着死亡，但是在许多国家却有着高雅和神秘的色彩含义。

第二节　跨文化交际基本知识

一、跨文化交际的概念

"跨文化交际"的概念可以这样界定：在特定的交际情景中，具有不同的文化背景的交际者使用同一种语言（母语或目的语）进行的口语交际。[①]以上对跨文化交际所下的定义是十分明确、清晰的，但在本书中跨文化交际与外语有着一定的联系，因此与一般的跨文化交际概念有所不同，我们要带入外语专业的视角去看待这一概念，这一概念主要包含以下四个关键点。

（一）交际双方的文化背景不同

文化背景不同不仅指的是交际双方来自不同的文化圈，也是指交际双方虽然来自相同的文化圈，但是其内部的亚文化之间存在一定的差异。这两者之间的文化差异大小显然是不同的，不同文化圈的人进行交际时，容易因为文化背景的差异造成交际过程中的冲突或误会，特别是亚洲国家和欧美国家之间的文化背景，

---

① 阮桂君. 汉语国际教育知识百题丛书：跨文化交际 [M]. 武汉：湖北长江出版集团，2011.

具有较大的差异，而亚洲国家之间，如中国同日本、韩国的交际，虽然也存在一定的文化区别，但是相比与欧美国家交际会更加顺利，因为中国、日本、韩国同属于东方文化圈，文化之间会有相通之处。

（二）交际双方必须使用同一种语言交际

交际必须建立在双方使用同一种语言的基础上，不同语言系统之间是很难进行交流的，交际中一方可以使用自己的母语，而另一方需要使用对方的母语，也就是第二语言（习得的"目的语"）。这样二者才能通过语言进行直接的交际。

（三）交际双方进行的是实时的口语交际

跨文化交际的方式十分丰富，可以通过动作、影像等进行非语言符号的实物交际；可以运用书信、邮件、公文等进行书面交际；可以通过电视、报刊、广播等媒介完成单向的交际。这里的"跨文化交际"从外语专业角度来看，指的是实时的、双方之间的口语交际，即在交际活动中双方通过口语进行面对面的交谈。在这种交际方式下，其他交际形式可以起辅助的作用，但不能作为交际的主要方式。

（四）交际双方进行的是直接的言语交际

从外语专业的角度理解跨文化交际需要更多地注重交际双方交流的直接性。目前在一些跨文化交际活动中，有一些需要通过翻译进行，翻译作为中间媒介调节双方的文化背景差异，使双方之间进行交流互动，翻译的方式包括笔译和口译。但是外语专业更注重培养人的外语运用能力，使其通过自身的理解和学习，深入了解双方的文化差异，通过对对方价值观念和行为习惯的了解来调整交际活动，保证交际的顺利进行，因此外语学科的任务是教会学习者说外国话，并运用外国人的思维组织和表达语言。

二、跨文化交际的学科背景

随着全球经济一体化的发展，跨文化交际这门学科应运而生，它是一个诞生于 20 世纪 50 年代的新兴学科，是人们为了适应日益频繁的国际交流活动而创建的，其主要研究不同文化背景的人们之间的交流行为。在中国，它是改革开放的产物。在文化语言学、社会语言学和言语交际学的学科背景和理论基础上，诞生了跨文化交际学。文化语言学、社会语言学和言语交际学都在以语言符号与非语言符号的"语用"为核心进行研究，不同之处在于它们的侧重点不同，三门学科分别侧重于语言学的"文化""社会""交际"方面，在此基础上形成的跨文化交际学是一门综合性的学科，是当代社会科学综合研究的结果。目前，跨文化交际的研究主要集中在外语教学界，其实践应用已经渗透各个领域。随着人们对跨文化交际的重视和需求的增加，这一学科将会得到更广泛的应用和发展。

（一）文化语言学

文化语言学侧重于研究语言的"文化"层面，也就是从文化的角度探究语言符号与非语言符号的"语用"核心。文化语言学通过语言这个外在表象来探索民族文化的模式和构成民族文化的符号系统，通过研究语言形式、语言结构、语言运用和语言变化来揭示语言背后所代表的文化含义和文化背景。文化语言学的研究者认为语言世界和文化世界具有一致性，因此对语言的深入研究，离不开对语言和文化的关系的探索，这样才能认识到语言的文化属性、文化功能以及文化对语言的影响。因此，语言与文化的关系是文化语言学研究始终关注的焦点，也是文化语言学的研究对象。

人类在漫长的发展岁月中，不断地认识自然、改造自然，从而产生了许许多多的文化，过去的文化活动和文化产物通常被称为历史文化，当下时代正在进行的文化活动和处于这一时代中的文化产物被称为现时文化。人类社会是一个不断发展和变化的社会，文化也在随之改变，正是因为文化处于这种不断变化的过程中，所以历史文化和现时文化并没有一个明确的界线。而且历史文化和现时文化之间也是有一定关联的，人类社会在不断地对文化进行批判和传承，现时文化是在历史文化的基础上演变而来的，这一特点在古今中外都有着很好的体现，也正是由于文化这种不断传承的特性，造就了民族文化传统。

语言也是在人类历史中不断演变传承的，它与文化一样具有历史的连续性和继承性，语言既是民族文化的表现，又是一种独立存在的精神财富，是人类数千年心智活动的宝贵成果。然而，语言又有变化发展的一面，这种变化发展的结果形成了古今语言间的明显差异；文化语言学需要对语言变化同文化变化之间的关系、现代语言同古代语言之间的关系、现代语言同现时文化的关系、古代语言同历史文化的关系分别进行研究和探讨。文化语言学对已成为历史陈迹的古代文化的某些方面进行发掘，既不是为了"发思古之幽情"，也不是为了猎奇览胜，而是基于建设新时代的新文化的需要。

跨文化交际研究中关于民族文化的阐述，关于文化与语言的关系的阐述，很多来自文化语言学的研究成果。不过文化语言学的研究通常侧重于某种特定民族文化和某种特定语言之间的关系，而不关注跨文化、跨语言的研究，这个领域正是跨文化交际研究的范畴。

（二）社会语言学

社会语言学侧重于研究语言与社会的关系，也就是从社会科学（社会学、人类学、民俗学、心理学和历史学等）角度探究语言符号与非语言符号的"语用"核心，从而得出语言在不同社会条件下发展变化的规律。社会条件和语言都在不断地变化，因此社会语言学是一门研究社会与语言的共变的学科。

社会是人类进行交互活动的产物，人们通过共同的物质生产活动产生一定的联系而形成了人类生活共同体，这种形态被称为"社会"。这个定义揭示了社会的本质属性。但从社会语言学的关注点来看，我们可以把社会定义为任何为某种或多种特定的目的而结合在一起的人的群体。这个定义比较宽泛，涉及面也比较广，但是很有用。因为在讨论社会语言学时必须考虑多种多样的社会、多种多样的社会集团。在中国历史上，除了较早时期，"社会"这个概念始终与集团有关。对于社会学家、政治学家和历史学家来说，他们或许关心的是社会的本质属性；但对于社会语言学家来说，他们关心的是社会的群体性和集团性。

语言是一个特定社会的成员所说的话，这个定义虽简明扼要，但其并不完整。当我们试图描述一个社会的语言时，能拿来讨论的"语言"这个概念本身就有问题。语言不是为人类世界原已存在的种种事物增设标志或名称的单纯汇集，每一个社会集团都生活在或多或少不同于其他社会集团的社会中。这些差别既反映在言语社会的文化组成成分中，也反映在它们的语言系统中。有时候，一个社会是多语的，人们会使用多种语言；而同一个人，几乎毫无例外地会随着环境的变化而调整自己的语言。

语言和社会不是各自独立的，它们之间存在着错综复杂的关系。语言的起源十分复杂，它既产生于社会交际行为，又产生于人类的个体行为，还产生于全人类的进化发展过程，可以说语言是在一定的交际环境中经过漫长的历史时期逐渐形成的，对语言与社会的关系的研究将把我们引入一个广阔的研究天地。

跨文化交际研究中关于社会关系的阐述，关于社会角色与言语行为的关系的阐述，很多都来自社会语言学的研究成果。不过社会语言学的研究通常侧重于某种特定社会形态和某种特定语言之间的关系，而不关注跨社会、跨语言的研究，这个领域是跨文化交际研究的另一个范畴。

（三）言语交际学

言语交际学侧重于从交际的角度出发探究语言与交际的关系，揭示各种语言交际现象的规律。"语用"是言语交际学的核心内容，即言语交际学以语言在交际中的运用为出发点和落脚点，旨在探究语言的使用形式、使用规律以及语言运用对交际的影响，是语言学的一门分支学科，主要是从实际运用的角度来进行语言学研究。

人们通过对语言学的研究发现，语言同人类社会的关系密不可分，因为语言是一种独特的社会现象，是人类在社会环境中为了互通信息、传达思想而创造的一种交流方式。由此可见，交际是语言的主要目的，也是语言存在的价值，语言的产生、存在和发展都是以人类社会交际为基础的，因此"语言是人类最重要的交际工具"是对语言社会功能的高度概括，语言的社会功能实际上就是语言的交际功能，这也是语言的基本功能，语言的社会性质是其基本性质。言语交际学就是从语言这种独特的社会功能角度出发进行语言研究，探究语言在交际过程中对其自身结构和功能产生的影响，而对于其他社会因素不做主要研究，它更专注于语言自身的研究或其他社会因素对语言交际的影响。这也决定了言语交际学同交际学的不同之处。这两者没有高下之分，只是出于明确学科自身性质的目的，不得不先把言语交际学从交际学中划分出来，使其在一片"向外拓展"的呼声中能保持清醒的学科意识，不致偏离语言学。跨文化交际研究中关于交际规范的阐述，关于语境因素与语用规则关系的阐述，很多都来自言语交际学的研究成果。

三、跨文化交际的有效性

交际行为的过程是信息发出者对自身发出的信息进行编码，再传达给信息接收者，而接收者再对信息进行解码，形成自己的理解，交际双方都要赋予信息意义、给出解释，因此交际实际上是一个交换信息并对信息赋予意义的过程。由于每个人的思维方式和理解能力不同，对信息进行编码和解码的方式自然也就不同，因此信息传递双方想要在交际过程中达到完全一致是很难的，即使双方具有相同的文化背景也很难对信息产生一模一样的理解，在跨文化交际中由于交际双方的文化背景不同，想要达到赋予信息完全相同意义的效果就更难了。

不同文化背景的人之间会有多种多样的交际行为，也会产生不同的交际效果，这些行为有语言的也有非语言的，有唇枪舌剑的辩论也有推心置腹的交谈。只有在交际的过程中信息传递双方尽量对信息赋予相同的意义，才能减少误解，达到比较好的交际效果。通常人们对交际效果的理解停留在是否准确表达出了自己的意思和是否理解了对方的意思，但实际上好的交际效果取决于交际双方多大程度地分享了信息和多大程度地降低了误解。

交际过程会受到各种因素的影响，如信息的发出者和接收者、信息的编码和解码的过程、信息传输的渠道和信息传输过程中的噪声。在跨文化交际的过程中，交际双方的文化背景不同，养成的认知习惯和思维方式也就不同，因此在发送和接收信息的过程中，对信息的理解方式也会不同，这样就会在交流过程中形成一些误差。例如，中国和日本受儒家文化的影响，交流方式偏向于含蓄内敛，追求合乎礼节，但是一些国家的交流方式则更加直接奔放，因此在交流的过程中双方会因为交流风格的差异而感到不适或尴尬，交际过程难免会因为双方思维的差别而有所误解。即使是在相同的文化背景下的交际双方，也会产生一定程度上的信息编码、解码差异，更不要说是在跨文化的背景下进行交际，因此跨文化交际追求的是尽可能地消除交际过程中产生的误解，使信息的接收者在任何情境下都能理解信息发出者的真实意图并给予合适的反馈。成功的跨文化交际最终会达成信息发出者和信息接收者之间能够充分互相理解的效果，但是互相理解并不等同于完全接受对方的观点，双方在互相理解之后可能达成对信息的一致意见，也可能会存在分歧。

想要实现成功有效的交际，就要将交际过程中可能产生的误解做最小化处理，这就要求交际双方首先要了解并掌握对方的语言和文化，在交际时使用对方的语言进行直接交流要比通过翻译交流效果更好，因为翻译人员的水平和忠实度都将影响交际的效果。在了解对方文化和思维习惯的基础上，直接交流能使双方更容易对同一信息做出类似意义的诠释，从而减少误解。其次要相互理解、相互尊重，在交际的过程中语言的表达固然重要，但是共情也有着十分重要的作用，特别是在跨文化交际的过程中即使没有深入了解对方的风俗习惯、价值观念和思维方式，但只要站在对方的角度思考问题，也能尽最大努力消除误解。此外，在跨文化交际中还要注意避免民族中心主义倾向。尽管跨文化交际过程中的误解很难完全消除，但是交际并不会因为误解的存在而无法进行，只要交际双方努力消除信息传递过程中产生的误解，使信息的本意不被扭曲，那么交际就是有效的。

主要信息的发出方和信息的接收方都能对信息产生正确、相同的理解，只有弄清对方想要表达的内容和意图，交际才是有效的。并非只有交际结果达到目的或交际双方就沟通的问题达成一致才算是成功的交际，无论是相互理解还是共同的意义赋予，都反映了交际者的交际能力。

第二章 跨文化交际与日语教学

随着科技和经济全球化的不断发展，国际交流变得日益频繁，无论是文化上的碰撞还是贸易上的往来都离不开跨文化交际活动。因此，跨文化交际成为当前时代的显著特征。在当今社会，我们不仅需要了解不同文化的价值观、行为模式、社会规范和物质文化等方面的差异，还需要了解不同文化之间的交流方式与技巧。在此背景下，社会对跨文化交际型人才的需求日益增长。中国与世界上多个国家的交流日趋增多，各种外语教学也逐渐向跨文化交际靠拢，日语便是其中之一。因此，外语教学界有必要探讨跨文化交际与日语教学的关系。本章内容为跨文化交际与日语教学，阐述了跨文化交际视域下的日语教学现状、日语教学中导入文化的必要性、日语文化教学的基本原则、日语文化教学的手段及方法。

第一节 跨文化交际视域下的日语教学现状

一直以来，在日语教学方面学生和教师都更注重语言作为工具的应用作用，将日语看作一种语言符号，注重培养学生的语言使用能力，即注重对日语基础知识、语法、句型的学习和掌握，对于语言之外的文化因素重视度不够。课堂教学主要围绕词语分析、语法掌握和句型运用展开，这些教学内容主要针对语言本身，学生在学习的过程中也会更关注这些内容，很少主动探究或学习与语言相关的文化。近些年，随着经济、文化全球化的发展速度不断加快，跨文化交际兴起，跨文化交际的理念逐渐渗透日语学习中，日语专业的师生对跨文化交际有了一定的重视，并意识到跨文化教学的重要性，教学的重点从之前单纯的语言能力教学，转变为语言能力和文化教学并重，学生也在学习的过程中不断主动吸纳各种文化知识，注重个人跨文化交际能力的提升。日语专业的师生已经意识到只有将文化背景和语言技能充分结合，才能达到更好的交流效果，减少跨文化交际中的失误。

虽然跨文化交际的意识已经根植于日语教学中，但是在实际教学过程中，日语的跨文化交际教学还没有得到有效的落实，受到各方面因素的制约，日语跨文化交际教学的效果不尽如人意。

一、跨文化教学缺乏理论支持

首先，管理者对于日语理论指导的重要性认识不到位，并没有施行有效的措施来完善日语教学理论，教师只是在原有的教学内容中，视个人情况穿插一些文化知识教学，无法系统地指导学生进行日语文化学习；其次，日语教学的理论内容以引进的内容为主，并没有与中国的日语教学实际相结合，因此适用性较低，不能真正指导中国的日语教学实践。总的来说，中国的日语教学缺乏跨文化交际的宏观规划与指导，还未形成具有中国特色的日语教学理论体系。

二、教师自身问题亟待解决

（一）缺乏跨文化教育意识和视野

语言的交际功能，实际上是一种社会功能，这是它的基本功能，其他功能都是由此而派生出来的。因此，语言教学应该以语言的基本功能为基础展开，要正确理解语言在交际中的作用。日语教学首先应注重理念的培养，要让学生理解目的语文化，消除文化壁垒，培养正确的跨文化意识。只有在这一基础上结合语言的基础知识和技能，才能达到理想的学习效果。但是传统的日语教学中忽略了对学生语言交际能力的培养，只关注对学生语言技能的培养，将语言当作一种单纯的符号去学习和研究，这样的语言学习缺少了对学生交际意识的培养，违背了语言的基本功能。跨文化交际需要语言运用者深刻认识到母语与目的语之间的文化差异，了解目的语的文化背景和思维逻辑，这样才能在交际过程中顺畅地运用目的语，并根据不同的情境调整语言表达的方式，提升目的语交流能力。

教师在学生学习日语的过程中起着重要的引导作用，首先教师要对日语学习中的文化因素有足够的重视，增强跨文化教学意识，深入学习和了解日语文化，这样才能将跨文化交际意识传递给学生，激发学生的学习兴趣，帮助学生学习和了解日语文化，使其成为沟通学生个体文化和日语文化的桥梁。

跨文化日语教学是教师的重要职责，也是日语教学的重点内容，教师要充分发挥母语和目的语之间的桥梁作用，不仅要培养学生的语言技能，使学生会说日语，更要培养学生的跨文化交际意识，让学生能在不同的日语情境下充分发挥日语交际的作用，做到有效交际。日语教师有义务帮助学生了解和深入学习日语文化，教师要不断更新自己的教学理念，培养跨文化教学意识，积累跨文化教学知识，提升跨文化教学能力，加深对跨文化教学的理解，实现对跨文化教育理念的深化和内化，这样才能将跨文化教学理念融入日常教学中，自然而然地传输给学生，引导学生进行日语文化学习。在学习日语的过程中，母语和目的语之间文化背景的差别和思维方式的差别，使中国学生最初可能在日语文化的理解上存在一定困难，因此教师要在母语和目的语文化间找到一种平衡，做好中日文化的衔接和融合，这样才能帮助学生进行跨文化学习。教师要充分了解中国文化和日本文化，要深入掌握中日的文化观念和中日的文化起源、发展，探究中日文化的内涵，帮助学生树立平等的跨文化交际意识。教师只有比较、取舍和参照中日文化，帮助学生认识和理解中日文化的差异，找到中日文化的共性，才能促进学生逐渐掌握跨文化交际的技巧，提升跨文化交际能力。

日语教学不仅仅是为了培养会说日语的人，还是为了培养通过日语来进行双边文化交流的人，只有深入学习日语文化，提升交际能力，才能在跨文化交际活动中利用日语传播和弘扬中华优秀传统文化，进一步促进文化的交流和发展，促进传统文化走向世界。

（二）重视"目的语文化"传授，忽略对"母语文化"的渗透

当前是一个全球化的时代，各国之间的文化互相渗透、彼此碰撞，文化的交流促进了文化的多元化发展。中国是一个有着悠久历史的文明古国，在我国的数千年历史进程中孕育出了许许多多优秀的传统文化，跨文化交际可以促进我国传统文化的对外交流，让世界看到并理解中国的优秀传统文化是我国进行跨文化交际活动的重要目的。要想实现在跨文化交际中传播中华优秀传统文化，首先要深入认识并掌握中国文化。当前很多日语教师在跨文化教育中只注重对日语文化的传授，而忽略了对中国文化的教学渗透，导致很多学生在日语学习中逐渐忽略了对中华优秀传统文化的学习，学生经过日语学习后能熟练地掌握日语技能并进行

日语交流，但是在日常用语交流中所表现出的中国文化底蕴就显得很苍白，这种现象被称为"中国文化失语症"。交际功能是语言的基本功能，交际的根本就是信息的共享，因此跨文化交际实际上就是文化的交流与共享，不能因为重视学习和理解日语文化就忽略了对中国文化的输出，而是要运用跨文化交际扩大中国传统文化的影响力，促进中日的文化交流。

教师要不断加强对母语和目的语的运用和文化学习，提升个人的文化素养，认识到母语文化在跨文化交际中的重要作用，培养学生的批判意识，不能只强调对目的语文化的认同，而是要加深对两种文化间的异同的深刻理解。这样才能培养学生对文化的判断能力和批判意识，以兼容并蓄的态度对待日本文化，加强学生用日语表达中国文化的能力，在吸收和借鉴外来优秀文化的同时弘扬中华优秀传统文化，提升跨文化交际能力。

（三）跨文化知识掌握欠缺

当前跨文化教育的效果不尽如人意，其原因除了部分教师的跨文化教育意识薄弱之外，还包括教师的跨文化教育能力不足，部分教师对跨文化知识的掌握不够扎实，不能在实践教学中给予学生正确的引导。教师跨文化知识掌握得不够扎实体现在对目的语文化和母语文化的学习和理解都有所欠缺，缺乏一定的文化知识洞察力、理解力、判断力，无法建构、筛选、调整、融合知识点并将其传授给学生，同时缺乏一定的批判思维，无法正确分辨文化的差异性，这样一来就会影响跨文化教学的效果，无法提高学生的跨文化应用能力。因此，教师要强化自身的文化学习意识，拓宽自身的文化学习视野，提高自身的文化素养，提高跨文化理解能力，掌握文化内涵，从而树立与时俱进的全球化意识。

三、学生跨文化意识和交际能力薄弱

长期以来，我国的日语教学缺乏目的语文化的环境，教育的主要活动是一味地向学生传授知识，对学生能力的培养不足。

同时，受整个教育体制和考试体制运作方式的制约，学生的日语学习方式也多是以背诵为主，学习的直接目的就是通过日语等级考试。从教学条件上看，教育经费的投入与持续增加的受教育人数、教育发展的需要还不相称，目前的高校日语教学明显不能适应经济的发展和社会的需求。另外，在教师数量不足，教学水平有待提高的同时，学习日语的学生人数增长幅度较大，且综合素质参差不齐，教师难以做到因材施教，学生也只注重书本知识的学习，忽视了已有知识的运用。至于课外日语学习环境，无论是学校、家庭，还是社会，都难以为学生提供学习、交流与实践的真实环境。虽然有些学生日语表达能力较强，但跨文化理解能力较弱，当语言能力提高到一定的水平之后，文化障碍更加突出，如对交际策略、交际原则、礼貌规则等方面的知识知之甚少。在实际交际中，语言失误很容易得到对方的谅解，而语用失误、文化误解往往会导致摩擦发生，甚至造成交际失败。

加强对母语文化的学习可以帮助学生通过对比参照的方式进一步学习日语文化，提升综合素质，从而形成平等、包容、开放的跨文化交际意识。一个能够顺畅进行日语表达却对其背后文化不了解的人，在发生语用错误时，更容易被对方误解，从而引发交际冲突，因此要重视对文化的学习，提升自身的交际能力。

四、跨文化教育的内容较欠缺

（一）知识广泛，但对跨文化教育突出不够，文化内容偏狭、过时

无论是教学目标、教学内容的安排，还是教材的设计，都没有专门从跨文化教育的角度去考量，而是将文化内容穿插在日常教学内容中，教师也只是对跨文化教学内容进行简略的介绍，没有进行系统的教学。另外，现有的教学内容不够广泛、真实，缺乏对文化和各种价值观的讨论，这不利于培养学生的思维方式，很难让学生将课堂所学知识应用到实践中。同时，部分教学内容已经过时，教学内容没有进行及时的更新，会导致学生的思想意识落后，这样不利于学生树立全球化意识，提升跨文化交际能力。

（二）中国本土文化内容缺失

跨文化交际是一个文化共享、平等交流的过程，平等开放是跨文化交流的重要理念，因此课本内容既要注重目的语文化的教学，也要注重母语文化的渗透。

（三）重知识，轻态度与能力

课本中的跨文化教学内容既要向学生广泛传输文化知识，又要引导和帮助

学生形成一定的语言文化体系。要在课本内容中对学生进行知识和方法的教学，让学生既能学习到跨文化知识，还能明白如何形成积极的跨文化态度和跨文化能力。

五、传统中国文化价值缺失

目前，我国日语文化教学要特别注意两个方面：①加强目的语文化和母语文化的学习；②注重以目的语表达母语文化和目的语文化。在当前的社会形势下，从跨文化交际的角度进行语言学习，实际上是为了加强文化的交流和传播，实现"双语文化的交叉交际"。因此，要充分了解母语文化和目的语文化，在建立有效交际的基础上，用目的语表达本土文化，实现民族文化的传播和发展。高校和教师要重视母语文化的教学，充分发挥文化的迁移作用，以母语文化为参照学习目的语文化，帮助学生快速接受和了解日本文化，并在比较中加深记忆，探究两种文化的关系和内涵。

在跨文化交际过程中，人们要相互交流、彼此理解、互相影响。交流也意味着吸收和传播，只吸收，不传播，就不是真正意义上的跨文化交际。

目前，在日语教学中普遍存在着一些问题。例如，当前的大学生在进行跨文化交流时，虽然了解一些日本文化，但用日语表达和介绍本国文化时却显得力不从心，无论是口语表达还是书面表达都无法在更广泛、更深刻的层次上进行进一步交流，"中国文化失语症"现象比较严重。

"中国文化失语症"会给跨文化交流带来巨大的负面影响，最直接的危害就是阻碍跨文化交际的顺利进行，因为我们无法用日语向对方介绍与中国文化相关的内容。在我国的日语教学中，涉及的中国传统文化内容短缺，这不利于学生跨文化交际能力的提高和跨文化交际的有效进行。

因此，要客观辩证地评判异国文化，要正确地欣赏和理解异国文化。单一的肯定或否定的态度都是不可取的。只有在正确的世界观和价值观的指导下，在深刻理解本国文化的基础上学习、体验、对比、鉴别母语文化与目的语文化，才能正确理解、评判异国文化，才能实现真正意义上的跨文化双向交流。

第二节　日语教学中导入文化的必要性

一、满足日语教学发展

人们的语言表现形式总是受到各种社会文化因素的制约，中国人在跨文化交际的语境中因为文化障碍而碰壁的"文化冲击"现象时有出现。文化错误要比语言错误严重得多，因为语言错误至多是言不达意，无法把心里想说的内容清楚地表达出来，文化错误往往使交际双方产生严重误会甚至敌意。

只有具备了一定的跨文化交际能力，说话者才能有效地避免由于不同文化背景而造成的交际障碍和交际摩擦，顺利实现交际的目的。因此，日语教学不仅是语言教学，而且应该包括文化教学。任何一种民族语言都是该民族文化的重要组成部分和载体，在语言材料中，篇章、句子甚至每个词无不包含着本民族的文化信息。将日语教学与文化教学相结合，有助于学生开阔眼界、扩大知识面、加深对世界的了解。借鉴和吸收外国文化精华，提高文化素养，这已成为广大外语教育工作者的共识。

二、适应新世纪中国社会经济发展

随着中国改革开放的深入开展，中日交往日益频繁，中国需要更多的国际化人才从事国际贸易、处理国际事务、加强国际文化交流。国际化人才的标准不仅是知识结构的优化和语言能力的强化，更是文化理念的国际化，国际化人才应了解外国文化传统和交往礼仪，具有跨文化的交际能力。跨文化交际是在理解交际双方文化的基础上，通过文化的双向交流、互动实现的。要顺利、得体地与外国人交流，仅有丰富的词汇和较强的语言表达能力是远远不够的，还必须了解他们的历史、习俗、生活方式和价值观等。为了培养能胜任对外交流工作，具有国际竞争能力的日语人才，以满足我国科技、经济和文化等发展的需要，在高校日语教学中就要重视跨文化教学，把高校日语教学的重点放在培养学生的实用交际能力上。在高校日语教学中，要重视文化差异的导入，加强学生对不同文化背景的了解，拓宽学生的知识面，这有助于学生形成跨文化交际能力，为国际化人才的培养打下良好的基础。

三、促进大学生社会性发展

个人与社会之间是相互依赖、相互影响的。一个人要想在社会中生存和发展，必须学习，而学习又离不开社会的方方面面。学校和教师要引导学生通过学习认识与自己生活密切相关的社会环境、社会活动和社会关系，不断丰富自己的经验、情感、能力、知识，加深对自我、对他人、对社会的认识和理解，并在此基础上养成良好的行为习惯，形成正确的道德观、价值观和判断能力。大学教育就是大学生社会性发展的推动力，今天我国青年的社交对象更为多元、社交方式更为多样，因此应通过跨文化教育来培养学生与不同的人进行合作的意识，提高其跨文化交际、交流能力，这将帮助他们认识世界的发展、社会的进步。跨文化教育与当前青年学生实现社会化的目标不谋而合，其目标与理念都是追求平等、尊重差异和倡导合作，使每一个学生的知识与能力都能得到最大限度的发展，充分发挥他们的聪明才智。我们应该认识到日语教学中的跨文化教育不是空泛的，社会发展也必将使跨越不同文化的人类交流愈加频繁。注重跨文化教育，能提高学生对不同文化的认同感和包容度，培养学生互相尊重、平等合作的精神，提升他们在现代社会和未来社会生存与发展的最基本的能力，从而更好地促进语言和文化的发展，以及不同语言、文化间的交流和沟通。总之，跨文化教育是大学生社会性发展的需要。

第三节　日语文化教学的基本原则

一、灵活性原则

在文化教学中，对文化知识的理解相对容易，但要让学生在跨文化交际中学会灵活运用文化知识却并非易事。为了取得更好的文化教学效果，为了更有效地培养学生的跨文化交际能力，教师应该对不同的学生按不同的教学要求灵活采用不同的教学方法，以激发学生的学习兴趣，调动学生学习文化的积极性。例如，教师可以通过开办文化知识专题讲座、组织小组讨论、进行角色扮演等活动引导学生学习文化知识。

文化内容广泛且复杂，而教师的讲解毕竟是有选择的、有限的。因此，在日语教学的过程中，教师应该将文化教学的场所延伸到课外，开展内容丰富、形式多样的课外实践活动，以此加强学生的实际运用能力。例如，教师可以通过开展读书活动、日语角、日语晚会等，帮助学生不断积累文化知识，使学生语言知识与文化洞察力同步增长，语言技能与文化能力同步增长。通过这些活动，学生不仅可以学会用正确的语法结构、恰当的语义和适合场合要求的日语进行交际，而且可以准确获取信息，减少交际中的误会，从而增进彼此之间的了解。

二、文化平等原则

世界上各个民族的历史、文化传统不同，生活环境、发展程度也不同，但各民族文化都是平等的，并无好坏之分。各民族文化都是经过一代又一代传承、积淀形成的历史渊源。文化平等意识是双向文化导入的基础。跨文化交际是两种不同文化间的交流，是母语文化和目的语文化间的交流，其实质是在相互尊重的基础上充分理解对方而不改变自己的平等交际。德裔美国人类学家弗朗兹·博厄斯（Franz Boas）的文化相对论认为，每一种文化都是其社会生活发展的产物，是用来满足该文化群体的生活和精神需要的，因此不能用好坏标准来判断。[①] 中日文化都有自己的民族特点，在教学中要客观地以无歧视、无偏见的态度来对待日本文化。只有相互尊重、相互学习，才能达到共同繁荣。因此，相互尊重是双向文化导入的基础。

在跨文化交际中，必须避免以本民族的文化标准来衡量或判断对方的想法和行为。只有在相互尊重的基础上，才能以平和的心态去审视、吸收其他民族文化的精华。因此，在日语教学中，必须让学生树立文化平等意识，只论异同，不论褒贬，客观理解和学习日本文化，同时又要学会用日语去讲述中华民族的灿烂文化。

三、吸收原则

历史经验告诉我们，全盘否定目的语文化与全盘否定母语文化都是不可取的。一国文化在适应世界文化多元化的同时，保持自己的独立性和民族性才能更好地

---

① 史艳云. 大学英语中的跨文化交际 [M]. 长春：吉林人民出版社，2020.

生存，去粗取精是必然结果。在文化发展的过程中，由于受到当时社会的政治、经济及科技的制约，必然有一部分文化内容具有时代局限性，有些内容甚至是有悖科学规律的。在日语教学中，应注意摒弃过时、不健康的文化信息，重视正面、积极的文化信息，吸收日本文化中的精华为我作用。

四、对比性原则

对比性原则是指在日语教学中，教师可以引导学生将中国文化和日本文化进行对比，使学生发现中日文化存在的差异。

通过对比，不仅可以加深学生对中国文化的认识，而且可以了解不同国家在价值观、思维模式、审美情趣等方面与中国文化之间存在的差异，这有助于提高学生的文化理解能力。

对比不仅可以让学生更加深入地理解不同的文化概念，而且可以帮助学生了解不同的文化行为，从而可以避免学生根据自己的标准来评判别人的文化行为，也可以避免学生把本土的文化带入其他文化情境中去。通过对比，学生不仅可以学会区分文化差异，还可以提高辨别不可接受文化和可接受文化的能力，从而避免不加辨析、不加批评地接受目的语文化。实际上，很多学生经常犯文化常识性错误，正是因为缺乏对文化差异的了解，只关注文化的相似性，却忽略了文化的差异性。

五、有效性原则

日语学习的最终目的是具备跨文化交际能力。有效的交际除了要共享同一语言系统，还要依赖于交际双方对宽泛的交际环境、具体的交际环境（情境因素、规范系统）等相关因素的理解和掌握。这里宽泛的交际环境包括文化环境、心理环境和自然地理环境因素等；具体的交际环境——情境因素是指交际双方的社会地位、角色关系、交际发生的场合、所涉及的话题等；而规范系统是指某一社会成员规定的行为方式，以使其能被本社会的其他成员所理解。跨文化交际双方要想进行有效交际，必须实现以上这些方面的共享。因此，日语教学中文化内容的选择必须包括价值观念文化、地理文化、社会规范文化（言语规则和非言语规则），充分考虑文化内容的有效性。

六、实用性原则

文化内容包罗万象，涉及社会生活的各个方面。但是因为日语教学受到各种客观教学条件的限制，教师在日语教学中不可能面面俱到地介绍日本文化的各个方面，所以教师应该根据不同的教学对象、日常交际等具体情况，选择恰当的文化内容进行教学。换句话说，教师在实际的日语教学过程中需要遵循文化教学的实用性原则，重点传授那些与学生所学的内容密切相关的文化内容，与学生的日常交际所涉及的主要方面密切相关的文化内容，以及与跨文化交际密切相关的文化内容。例如，对于国际贸易专业的学生，教师可以侧重介绍有关贸易方面的文化常识和交际技能。另外，文化教学的实用性原则还要求与文化教学相关的内容要有广泛的代表性，应属于具有代表意义的主流文化，而不必把日本的文化介绍得面面俱到。

采用实用性原则，一方面，可以避免让学生认为语言与文化的关系过于抽象、过于空洞；另一方面，文化教学紧密结合语言交际实践，不仅可以激发学生学习语言、学习文化的兴趣，还有助于学生将所学到的知识转换为技能，迁移到实际交际中。

总而言之，语言和文化相互影响、相互作用，理解语言必须了解文化，理解文化必须了解语言。在日语教学中增强学生的文化意识，是高校加强跨文化交际教育的迫切任务。

第四节　日语文化教学的手段及方法

一、日语文化教学的手段

（一）利用日语电影提高跨文化意识

电影是文化的载体，是一个国家和民族文化最直接、最生动的体现。一部好的日语电影不仅能够激发学生的学习兴趣，还可以为他们提供一个真实的语言环境，了解日本人的生活方式、社会文化习俗和礼仪、思维方式、人文精神和价值观。接触和了解日本文化内涵有益于学生更好地学习和使用日语，也有益于不断提高学生的跨文化交际能力，实现日语教学的最终目标。但在实际教学中要想真正发挥日语电影的作用要遵循以下教学原则。

1. 精心选材，合理使用

日语电影对日语教学有很大的促进作用，其内容丰富、种类繁多。但是因为电影数量众多，质量良莠不齐，课堂教学课时有限，所以教师要针对不同层次的学生，根据课堂教学内容、学生的实际水平和兴趣爱好选择适合他们的影片。同时，电影的内容要健康，对白、发音要清晰地道，语速要适中，选择日文字幕或无字幕，同时也要把影片复制给每个学生，以便课后学生反复观看学习。

2. 合理利用有限课时

因为日语电影时长一般为 90 ~ 180 分钟，在课时有限、考试压力较大的课堂教学中很难完整播放整部电影，所以教师要合理利用有限课时，根据所讲课文内容和学生实际水平精选电影片段进行教学，这样既可以活跃课堂气氛，让课堂更加生动有趣，也可以充分利用课堂时间共同完成观看学习某部电影的学习任务。

此外，教师在选取影片进行文化教学导入时，一定要根据教学主题精选适合的影片。通过这种与教学主题相关的日语电影欣赏，向学生介绍日本相应的文化背景知识，这样不仅能丰富本单元的教学素材，而且能直观、生动、形象地展示与教学主题相关的文化背景，深化学生对教学主题的理解。通过剖析影片中涉及的思想及各种人物，可以引导学生体会影片中日本人民的情感世界、道德观和生活观，加深学生对日本的感性认识。这种教学手段最重要的作用是将日语教学与文化教学融为一体，提高学生学习日语的兴趣和能力，帮助学生灵活掌握本单元所学的语言知识，拓宽视野，提高跨文化交际能力。

（二）基于网络的跨文化交际与跨文化学习

互联网因其跨越国界、民族和时空的特点使基于网络的跨文化交际成为当今世界文化传播和交际的一种重要方式，互联网也为跨文化学习提供了丰富多彩的内容和形式。

与传统的教学环境相比，互联网技术为日语学习和跨文化学习提供了更真实、生动、多维的语言文化环境。在这样的环境下，日语专业学生可以更直接地浸入多元文化氛围，从而培养跨文化意识和敏锐的观察力，拓宽文化视野，提高跨文化交际能力。利用互联网资源可以从 3 个层面（促进文化多元主义思想的发展；促进对母文化和异文化深入的、全方位的认知和理解；自觉培养恰当有效的跨文化行为能力）全面促进日语专业学生跨文化能力的发展。

在课堂教学之外，互联网可以为学生的跨文化学习提供更广泛的空间和更丰富的学习资源，提高学生的跨文化学习兴趣，同时有利于提升学生的自主学习能力。利用丰富的互联网资源，可以将课堂上的跨文化教学与课堂外的跨文化学习结合起来。例如，教师可以针对某一跨文化教学主题或概念，要求学生通过互联网进行搜索与研究，对主题或概念做进一步补充、诠释和分析；教师也可以提出一些开放性问题，引导学生在互联网上收集图文、音频或视频资料，从全感官的角度丰富其跨文化学习方式，加强其学习效果。对于已经具有一定日语水平的学生来说，长期坚持收听、收看日本的电视节目也是跨文化学习的一个非常有效的途径。

需要强调的是，互联网为跨文化学习提供了丰富的学习资源和有利的学习条件，但这并非意味着，学生利用互联网就可以提高其跨文化能力。基于网络的跨文化学习涉及很多复杂的层面和环节，而且互联网中的学习资源对于大多数学生来说往往是复杂无序的。对于高校和日语教师来说，应当主动利用互联网，充分挖掘网络资源，有计划、有目的、系统地建立互联网学习平台，对基于网络的跨文化学习进行科学、系统的设计和指导，而不是仅仅依靠学生的自觉。

各高校日语专业可建立跨文化网络学习坊，这一学习坊可以包含静态的和动态的跨文化学习。支持静态跨文化学习的可以是多媒体资料库，从日本的历史、文化、社会、经济等方面，为学生提供跨文化学习的多媒体素材和资料。这里需要注意的是，可以对这些学习资料进行水平分级，以提高学生的跨文化学习效益；也可以针对这些学习资料设计相应的问题和任务，以便学生能有目的地进行跨文化学习，同时提高学生跨文化学习的兴趣和成就感。

二、日语文化教学的方法

日语教学中文化教学的方法和技巧既受到教学目标和教学内容的影响，也受到其自身特殊性的制约。常用的日语文化教学方法有以下四种。

（一）直接导入法

所谓直接导入法是指教师在语言教学中直接向学生介绍语言的文化背景知识。它是一种最简单易行的文化教学法。在我国，课堂是学生学习日语的主要场所，离开课堂，学生很少有机会接触日语环境，因而当遇到与课文内容不相关的文化背景知识时，学生会感到十分陌生，难以理解。

教师在教学中应尽可能发挥自身的主导作用，直接向学生介绍相关的文化背景知识。为此，教师在备课时可以精心选择一些与教学相关的、典型的文化信息材料，将它们恰到好处地运用到课堂上，这样不仅可以增强教学的知识性、趣味性，还可以加深学习内容的广度和深度，同时可以激发学生的求知欲，活跃课堂氛围，促进日语教学活动的顺利开展。

（二）文化旁白

文化旁白是注解法的一种较为方便的形式，是传授社会文化知识的方法之一，也是课堂上教师最为常用的方法之一。它是指在进行语言教学时，就所读的材料或所听的内容中有关的文化背景知识，教师见缝插针地进行一些简单的介绍和讨论。

一般情况下，教材所选的文章都有特定的文化背景，有的是作者背景、有的是内容背景、有的是时代背景。同时，课文内容往往也涉及相关国家的政治、经济、文化、宗教、建筑、地理、工业、农业等诸多内容，并且此类文章的信息量大，能生动地再现两国文化的差异，可读性强。

鉴于此，教师在备课和上课时要注意文化知识的渗透，使日语课不仅是单纯的语言交流学习的课堂，还是提高学生在教育观、文学修养、价值观、社会生活和风俗习惯等方面的跨文化意识的课堂。对学生来说，文化上的差异通常是其理解目的语的较大障碍，而采用这一方法可以有效地清除部分语言认知障碍。

在这一教学方法中，教师可以运用图片、实物教具或者多媒体课件等进行讲解。其目的都在于帮助学生更好地理解所读或所听的内容，这有助于丰富学生的感性认识，促进理解。这一教学方法的优点是机动灵活、用途广泛、使用时间长，缺点是随机性很大，且需要教师有较高的驾驭语言与文化的能力和一定的教学技能。

（三）词汇渗透文化法

词汇是日语学习的基础，一般认为，词汇的学习只需牢记即可，但是对于大多数的日语学生来说，特别是那些日语基础较差的学生，词汇记忆并非易事。作为日语教师，在进行词汇教学时，除了教授学生根据一些规则来记忆词汇，如联想记忆之外，还可以适当地引入词汇的文化意义，激发学生的学习兴趣，使学生在欣赏文化的同时还能在不知不觉中对该词汇有较深的印象。此外，日语中一些常用的短语、俗语也是日语学习中非常重要的内容。俗语往往负载了大量的文化知识，有些俗语还体现了很大的文化差异，如果没有相关的文化背景知识，就很难理解记忆，更不能正确地运用。因此，在日语词汇教学中引入文化教学有利于帮助学生打下良好的日语基础，以便进行深层次的学习。

（四）对比分析法

对比分析法既是跨文化研究的主要方法，又是第二语言教学的重要方法。对于文化教学来说，文化的对比分析法也是一种常用的方法。教师在给学生补充日语文化内容的同时，对两种不同文化进行对比讲解，可以加强学生对汉语文化和日语文化差异性和相关性的认识，进而提高其对两种文化的理解。对比的主要目的是让学生发现母语文化与目的语文化之间的异同，正确区分知识文化因素和交际文化因素。在使用这种方法的过程中，对比不能仅限于表层形式的对比，还应该有深层内涵的对比；不仅要有语言的对比，还要有非语言的对比；不仅要做语言、非语言形式与意义的对比，还要做语言交际行为的形式和意义的对比等。

第三章 跨文化交际视域下的日语听力教学

听力不仅是人类进行交际的重要手段，也是人类获取语言信息的手段。因此，在日语教学的过程中，教师必须认识到听力教学的重要性，在听力教学中引入文化因素，让听力教学更加符合教学的主流要求。本章内容为跨文化交际视域下的日语听力教学，分别介绍了日语听力教学的原则和方法、跨文化交际视域下日语听力教学策略。

第一节 日语听力教学的原则和方法

一、日语听力教学的内容与原则

（一）日语听力教学的内容

日语听力教学是日语教学的重要组成部分，对于人才的培养有着重要的影响。现阶段的日语听力教学内容主要包括听力知识、听力技能和听力理解，下文分别对其展开介绍，以期为日语听力教学指明方向。

1. 听力知识

听力知识是培养学生日语听力技能的基础，主要包括语音知识、语用知识、策略知识、文化知识等。

语音教学是听力教学的重要内容。在实际的交际过程中，同一个句子会在发音、重读、语调等的变化中产生不同的语用含义，表现出交际者不同的交际意图与情感。在听力教学过程中，使学生掌握日语的发音、重读、连读、意群和语调等语音知识对提高学生的语音识别能力和反应能力有积极的促进作用。同时，在教学过程中，教师还应对学生进行听音、意群、重读等方面的训练，训练内容既要包括词、句，也要包括段落、文章，使学生熟悉日语的表达习惯、节奏，适应日语语流。这种训练还能培养学生的日语思维能力，提高其二语习得能力。

听力知识还包括语用知识、策略知识、文化知识，这些知识的科学教学也是提高学生日语听力能力的重要手段。其中，语用知识的学习能够帮助学生理解话语内涵，增加其对话语的理解程度；策略知识的学习能够帮助学生依据不同的听力材料和听力任务进行策略选择；文化知识的学习对学生日后用日语进行跨文化交际有着积极的促进作用。

2. 听力技能

日语听力技能的教学能够有效帮助学生提高日语听力技能，能够为提高跨文化交际水平打下基础。听力技能主要包括以下几项内容。

（1）辨音能力

听力中的辨音能力主要包括音位的辨别、语调的辨别、重弱的辨别、意群的辨别、音质的辨别等。辨音能力的训练不仅能帮助学生提高日语听力水平，而且对学生理解能力的提高也大有裨益。

（2）交际信息辨别能力

交际信息辨别能力主要包括辨别新信息指示语、例证指示语、话题终止指示语、转换指示语等。交际信息辨别能力的训练能够帮助学生提升听力的有效性和针对性，提高学生对话语的理解效率。

（3）大意理解能力

大意理解能力主要包括理解谈话或独白的主题和意图等。大意理解能力的提高能为学生在整体上把握话语内容做铺垫。

（4）细节理解能力

细节理解能力是指获取听力内容中具体信息的能力。在日语学习和考试过程中，对细节的理解能力能够帮助学生提升做题的准确度。

（5）选择注意力

选择注意力是指根据听力的目的和重点选择听力中的信息焦点。针对不同的听力材料，进行注意力的选择训练十分重要，这种练习有助于学生把握话题的中心。

（6）记笔记

记笔记是指根据听力要求选择适当的笔记记录方式。适当的笔记记录方式有利于获取听力信息。

教师应该了解，听力水平的提高并不是一朝一夕便可以实现的，需要教师循序渐进地进行有针对性的教学工作，同时又要清楚不同的学生有着不同的学习习惯和学习特点，要因材施教，进行特色教学。

3. 听力理解

日语听力知识的学习与听力技能的教授是为日语听力理解服务的。语言因为使用目的、交际者等因素的作用会带有不同的语用含义，所以对话语的正确理解就成了日语听力教学中的重点和难点。教师在听力理解的教学过程中，应该使学生懂得如何从对字面意义的理解上升到对隐含意义的把握，继而提高日语的综合语用能力。具体来说，日语听力理解主要包含以下几个阶段。

（1）辨认

辨认主要包括语音辨认、信息辨认、符号辨认等方面。辨认处于第一个阶段是开展后面几个阶段的基础。一旦学生无法辨认听到的内容，那么理解也就无从谈起了。

辨认有不同的等级，最初级的辨认是语音辨认，最高级的辨认则是说话者意图的辨认。教师可以通过正误辨认、匹配、勾画等具体方式训练和检验学生的辨认能力，如根据听到的内容给听力材料的句子排序。

（2）分析

分析是第二阶段，它要求学生能将听到的内容转化到图表中。这个阶段要求学生可以在语流中辨别出短语或句型，以此为基础对日常生活中的谈话内容有大致的理解。

（3）重组

重组是第三个阶段，它要求学生用自己的语言将听到的内容以口头或书面的方式表达出来。

（4）评价与应用

评价与应用是听力理解的最后一个阶段，要求学生在前面三个阶段。即辨认、分析、重组的基础上，能够运用自己的语言对所获得的信息进行评价和应用。在实际教学中，可以通过讨论、辩论、问题解决等活动进行。

以上这几个阶段是一个循序渐进的过程。任何级别的听力学习都必须经历由辨认到分析再到评价与应用的一系列过程，然后才能逐步提高听力技能。

（二）日语听力教学的原则

1. 听前环节的教学原则

对于一项新的日语听力理解任务，如果没有任何准备或热身活动就希望学生进入状态是非常困难的，所以教师要做好充分的听前教学准备。

（1）相关性教学原则

教师在这个阶段需要遵循相关性教学原则，为学生设计一些与最新听力素材相关的活动，以激发他们的学习动力，并唤醒他们大脑中储存的相关知识。例如，组织学生观看相关视频，并以小组讨论的形式探究其中的内容。通过小组合作学习，激发学生的学习动力。此外，展示与课程内容相关的图片可以帮助学生更好地理解抽象的语言描述，从而更深入地了解与课程相关的主题。这样的教学方法可以有效地为学生的日语学习打下坚实的基础。

（2）简化原则

在预备学习阶段，为了让学生更容易理解新的日语听力材料，教师需要遵循简化原则。

①词汇学习。很多学生认为词汇学习只属于读写课程内容，因此忽略了词汇学习在听说课程中的重要性。在听新的日语听力材料时，学生可能会遇到困难，因为他们会听到大量的新词，这些新词会使大脑处理新信息的时间延长，从而使学生处于一种被动状态，并可能会因此放弃听力任务。这里的词汇学习需要学生在很短的时间内理解其含义，而不仅仅是掌握词汇的发音。为了达到这个目标，日语教师需要在听力教学中尽可能使用与新词相关的短语和句型，引导学生掌握它们的用法和意义。只有这样，在播放听力材料的过程中，学生才能建立起对这些短语和句型的熟悉感，并快速作出反应。

②背景知识与专业术语的介绍。有时候，专业术语会给学生带来听力障碍，因为他们可能不熟悉这些术语，而这些术语往往是文章的关键词。掌握关键词的含义是理解文章的基础，如果教师没有及时对这些词汇进行解释和说明，学生将难以准确理解材料。

③对听力短文内容的预测。在进行日语听力测试时，通常会提供相关的陈述、问题和选项，这些内容中充满了丰富的文章信息。迅速浏览陈述可以帮助学生了

解听力的主要内容，阅读问题和选项能够让学生按照关键词进行有针对性的理解，并快速作出反应。

结合以上三点内容进行听力教学，可以显著降低学生理解新日语篇章听力的难度，帮助学生更轻松地理解听力内容，并为他们的听力学习提供动力。

2. 听中环节的教学原则

学生可以根据听前准备，有针对性地进入篇章的听力理解阶段。为了确保学生能够听懂听力材料并给出反馈，教师需要遵循以下教学原则。

（1）明确化原则

实践证明，如果不明确地给学生布置一个听力任务，那么让他们准确理解听力内容就很困难。大多数学生在听完一到两遍材料后会感到困惑，并且没有任何收获，这是因为他们的注意力没有集中在特定的任务上，或者他们试图听懂每个词汇和句子，但在某些时候失败了。所以，教师在学生第一次和重复听录音之前，应该明确布置听力任务，帮助学生理解需要听的内容。通过以任务为基础的听力理解训练，可以帮助学生规避听力难题。

（2）层次化原则

听力任务的确定需要遵循层次化原则，按照难易程度从低到高排列，低级任务应当为高级任务服务。要求学生在初次听听力材料时就作出反馈可能给他们带来不必要的听力障碍，还会降低他们对听力学习的兴趣，甚至使他们放弃听力学习。做一些比较简单的听力练习有助于学生建立自信心，并激发他们挑战更高难度的听力任务的欲望。

首先要从整体把握全文，然后逐渐深入探究细节，直至领悟讲话者的意图，进而加以分析和作出评价。要使听力有效，必须让学生明确听力任务，这样才能有针对性地获取信息。

其次要在播放听力材料时及时停顿。在日语听力材料中经常会出现结构复杂的长句，这对于学生来说，会成为听力理解的一个非常大的困难，因为每个学生的记忆处理能力不同。如果教师不及时停顿，学生在处理信息时可能无法及时反映，这会对学生准确理解听力材料产生影响。适时的停顿能够有意识地减缓听力过程，使学生有足够的时间理解听到的内容。教师还应当引导学生正确分析长句中的基本成分，并且在尽可能短的时间内把复杂的长句转化成简短的句子，这样有助于缩短解读时间并克服倾听过程中的理解障碍。

针对不同类别的听力材料，需要注意不同的方面。听力素材涵盖了各种文体类型，它们所采用的信息组织方式也是多种多样的。熟悉各种听力材料的特点可以帮助学生更轻松地掌握主要内容，提高理解效率。

最后要强调的是学生之间互动的重要性。在某些情况下，有些学生不一定能够独自填补听力中缺失的信息，这时同学之间的互动变得尤为重要，特别是在不同语言水平的学生之间的互动。学生可以通过合作探讨，以创建缺失的语言信息形式和意义。

3. 听后环节的教学原则

听力材料的播放结束并不代表整个听力过程的结束，还有重要的听后环节。

（1）反思性教学原则

在这个阶段，教师应当按照反思性教学原则来进行教学。通过深入观察课堂、师生互动、课后师生交流等方式，教师可以发现听力教学中的不足之处，为今后的教学提供实践依据，从而达成更好的教学效果。教师应该引导学生分析自身的听力能力并书写相关反思记录。通过及时回顾听力课堂的学习内容，学生能够成功地发现自己目前所接受的听力课程中的重点和难点，评估自己在听力理解方面以及独立完成听力任务方面的能力。同时，也需要评估在听力理解过程中对教师和同伴的依赖程度。

（2）善于引导学生的原则

教师应该在听力教学中融合元认知策略，以促进学生自主学习。教师可以帮助学生制订详细的听力学习计划，并跟踪监督他们的听力理解过程。此外，教师还应该帮助学生全方位地评估自己的听力能力，培养学生在听力学习中的自我管理意识。通过这种方式，可以推动日语学习的整个进程。

二、日语听力教学的方法

（一）任务型教学法

1. 任务型教学法的起源

任务型教学法产生于 20 世纪 80 年代。任务型教学就是任务设计者根据教学进度，结合学生实际情况设计任务，让学生在完成任务的过程中自然地学习运用语言的教学方法。① 这一新颖的课堂教学方法激起了应用语言学家和外语教师的热情。通过为学生设计不同的任务和情境，促进学生思考、讨论、交流和合作，从而帮助他们输出所学知识，培养他们的主动学习能力。

美国应用语言学家对语言教学的三分法是：以语言为中心的教学法；以学习者为中心的教学法；以学习为中心的教学法。在这三种教学方法的课堂操作程序中，存在一种等级关系：以语言为中心的教学活动，被视为以学习者为中心的教学任务的一部分。以学习者为中心的教学法，被视为以学习为中心的教学任务的一部分。以学习为中心的教学法，尤其倡导任务型教学法，这种方法强调学生的主动参与和实际操作，并以解决实际问题和完成任务为导向。这种教学方法的重点在于关注学生学习第二语言的认知过程和心理语言学过程，旨在通过有目的的课堂活动和开放性的交流任务，为学生提供学习机会。因此，就教和学而言，教学任务相比交际活动更全面且更具容纳性。

2.任务型听力教学的材料选择和任务设计

（1）材料选择

第一，材料的内容应该与学生的学习目标和水平相匹配。教师应该根据学生的语言能力和学习需求，选择适当的主题和语言难度。例如，对于初级学生，可以选择一些简单的对话或日常生活场景的材料，而对于高级学生，可以选择一些更具挑战性和专业性的材料。

第二，材料应该具有一定的实用性和现实性。教师可以选择与学生日常生活和实际应用有关的材料，这样学生可以在学习中更好地理解和运用所学知识。例如，可以选择一些与旅行、购物、工作等相关的材料，让学生在听力练习中学习实用的表达和交流技巧。

第三，材料的多样性也是很重要的。教师可以选择不同类型的材料，如对话、新闻报道、讲座等，以满足学生不同的学习需求和兴趣。多样的材料可以激发学生的学习兴趣，提高他们对听力学习的积极性。

第四，教师还应该考虑材料的长度和难度递进。材料的长度应该适中，不宜

---

① 潘洵,张向荣.任务教学法中教师角色的探讨——以日汉翻译理论与实践为基础[J].中国大学教学,2018（10）：83-88.

过长或过短，以保持学生的注意力。难度递进可以帮助学生逐步提高听力技能，并激发他们的学习动力。

（2）任务设计

任务型教学法的核心在于借助任务的设置，引导学生进行对话交流，以帮助学生掌握语言。因此，在日语听力课堂的教学中，任务和活动是至关重要的。当前的听力课堂任务主要着眼于学生理解能力的培养，任务形式包括选择、判断和问答等。这些听力任务更像是在进行听力训练，而不只是完成任务。任务型教学法所指的"任务"与传统的"练习"或一般意义上的"活动"有着根本性的不同。任务不仅仅是为了完成特定的目标或任务本身的目的，同时也包括任务设计者期望参与者在完成任务的过程中能够达到一定的学习效果。此外，任务通常会产生文字以外的成果，而练习通常只会有与文字相关的成果。任务呈现开放性，即在完成任务的过程中，并没有一套固定的模式或者完成路径，而且可能产生多种不同的结果。任务还需要多人协同参与，这种参与可以是同学之间的相互协作、学生和教师之间的相互配合，也可以是学生与学习材料之间的相互影响。下文简要介绍一下听力任务的设计方法。

一是回答问题型。在设计听力任务时，应充分激发学生的参与热情，确保学生充分认识到"听"的重要性和目的。一种常见的方法是提出听力问题，让学生在听完后进行回答。这种方法允许师生互相提问，或者学生之间进行互动问答和小组讨论。

二是身体反应型。这种方法不需要学生回答问题，而是要求学生根据所听内容采取正确的行动，如选取图片、排列顺序、规划布景等。

三是转化信息型。这种方法要求学生根据所听内容中的详细信息来完成填写表格、绘制图表等任务。

四是重组和评价信息型。这种方法的目的在于让学生听完录音后用自己的话将所听到的内容讲述出来，并且回顾其中涉及的信息，以此为基础进行分组讨论。此外，还可以通过角色扮演或撰写书面评价、感想等方式进一步拓展课程。

3. 教学实施

（1）任务前阶段导入并介绍话题

首先，话题导入可以通过图片、悬念、复习或讨论等多种方式进行。教师可以利用多媒体资源展示相关图片和文字，同时介绍本次日语听力课的任务话题和目标，让学生对即将进行的活动有所了解。

其次，教师需要激活学生的语言能力。可以通过简单的词汇学习活动或游戏，引导学生学习关键的词汇和短语，教师还可以向学生介绍任务环节阶段可能要用到的语言点，为后续的任务做好准备。在完成上述步骤后，教师应引导学生进行语言练习，以便他们熟悉相关内容。但要注意的是，语言练习的时间不宜过长，以免影响后续任务的进行。

最后，教师需要介绍日语听力学习技巧。例如，教师可以讲解精听与泛听相结合的方法，引导学生学会预测、联想和语境词汇记忆等技巧。同时，教师还可以介绍小组讨论与合作学习法等策略，帮助学生在完成任务的过程中提高日语听力水平。

（2）任务环节阶段提出任务

教师将预先准备好的听力任务分配给学生完成。主题课是整体的学习目标，可以根据学生的学习水平划分为多个子任务和小任务。任务分解的过程需要考虑到逻辑性、明确的目的性及可行性。

首先，开始执行任务。学生根据教师要求完成任务并进行相关日语听说技能训练。在教师规定的时间内，学生需要以个人或小组的形式，根据所听材料完成一个具体的任务。

其次，转化任务。在此阶段，学生的主要目标是加强使用日语的语言能力。在这一过程中，教师可以采用许多不同的方法来引导学生学习。例如，教师可以采用情景互动教学的方式，将教学重点放在实际任务场景中，设计具有探索性、开放性和以语言交流为中心的活动，以促进学生之间的合作互动，在互动的氛围中进行学习。另外，教师要为学生提供模拟对话的机会，这样有助于提高他们的口语和听力水平。

再次，进行小组协作，在使用教材或多媒体资源的基础上呈现视听材料，撰写相关问题作为讨论的话题，或在分组方式下让学生进行模仿和角色扮演，让其他学生参与讲述，使学习过程愉快而富有成效，最终提高学生的口语和听力能力。教师可以根据学生的听力水平进行分组，让每个小组的学生在相应的能力层次上进行学习，并且根据不同层次设计不同的教学内容。考虑到每个学生的独特性，教师可以提出一些开放性的问题来促进学生在听力方面的多元化技能。教师还可以向上级领导汇报任务完成情况，让学生有机会展示听力任务的成果，并与同班同学分享成果，从中获取更多宝贵的信息。

最后，分解任务。教师要适度评估学生完成的任务。在口语表达方面，有时候学生会出现各种错误，对此教师需要掌握适宜的更正技巧，在恰当的时机给学生以支持和协助，激励学生积极参与口头交流。

（3）课外作业项目化、新颖化

教师可以将班级中的学生分为3到4人的小组，每周提供一段听力材料，通过小组合作等方式，让学生一起完成听力任务，并向全班展示成果，以促进组织性讨论的开展。除了定期安排日语听力训练外，也可以不定期安排一些听力练习。利用多种媒体资源，如NHK国际网站、富士电视台、日语综合视频网站等，提供各类话题供学生复述，或鼓励学生用模仿影视配音等方式进行听力练习。

（4）评价方式多样化、深入化

在教学过程中，教师应对学生的学习表现和成果进行多样化、深入化的评价。这种评价方式有助于全面了解学生的学习状况，激发他们的学习兴趣，提高他们的日语听力能力。

其一，形成性评价：在教学过程中，对学生的学习过程进行持续、系统的观察和记录。这种评价方式可以及时发现学生在学习过程中的问题和需求，为教学提供依据。例如，在日语听力课堂上，教师可以通过观察学生的表情、回答问题的情况来了解他们的学习状况。

其二，阶段性评价：针对教学过程中的不同阶段，对学生的学习成果进行评价。阶段性评价可以帮助教师了解学生在各个阶段的学习成果，为教学调整提供参考。例如，在日语听力课程中，教师可以定期组织小测试，了解学生在各个阶段的学习进展。

其三，层次化评价：根据学生的学习能力和进度，设置不同层次的评价标准。层次化评价鼓励学生根据自己的实际情况选择合适的学习目标和评价标准，使评价更加公平、合理。例如，在日语听力课堂上，教师可以为不同水平的学生设置不同的评价任务，让他们在适合自己的层次上进行评价。

（二）提示型教学法

在提示型教学法中，教师需要在听力教学之前准备好所需学习的知识的结构框架，可以采用图片、影音资料、提问、小组讨论等方式进行预先提示，以便学生更好地理解听力教材的内容。采用提示型教学方法有助于学生更好地理解日语听力材料，扩大他们的理解范围，并让他们更深入地探究和从多角度审视所听到的内容。在经过一段时间的训练后，那些表现出色的学生能够按照特定的顺序进行回忆，这使得他们在收听录音时更容易获取重要信息并概括要点。在课堂上，使用提示型教学法的具体操作如下。

①在播放录音材料前，为学生展示与听力材料相关的图片、视频或说明文献。

②播放一遍录音材料，要求学生记录下听到的词汇和重点。

③把学生分成3到5人的小组，以小组为单位汇总每人听到的录音片段，以此为提示对录音内容进行推测、整合。

④每个小组选出一名代表转述会话内容。

提示型教学法旨在培养学生在听取信息时运用从整体到细节的分析方法。因此，提供给学生的信息必须有助于他们在头脑中形成一定程度的组织模式和系统性的知识。根据对学生使用提示型教学法进行听力学习的成绩效果评估结果，可以得出结论：大多数学生在接受系统的课程训练后，通过全面理解上下文，能够猜测出原本不理解的词汇和短语的用法。

通过增加训练次数和加深学生对提示型教学法的理解，学生可以更精准地理解文章的思想，并且能够更深入、更细致地分析文章内容，这样有助于提高学生的学习效果。

（三）情境教学法

1.情境教学法的定义

情境教学法是一种运用多媒体、实物演示、角色扮演、实验操作等手段来帮助学生建立情境并创造参与式学习环境的教学方法。这种方法旨在将学术知识与情感体验相结合、将形象思维与抽象思维相结合、将教育与学习相结合，从而激发学生的主动性和创造性，摆脱被动学习的压力。情境教学法着重于营造真实的语境环境，让学生亲临其境地学习外语。创造不同的虚拟场景，可以为学生的听力学习提供具体的背景，让他们在实际情境中掌握词汇、语法和句子，这样的方式比枯燥的训练更加有效。

2. 情境教学法的实施

在学习日语的过程中，听力是至关重要的一个环节，它贯穿了低年级阶段的基础知识学习以及高年级阶段的毕业考试。然而，如何高效地提升听力技能一直是日语教师和学生所面临的挑战。在日语专业的听力教学中，采用情境教学法是十分有必要的，因为它可以激发学生的积极性和主动性。

（1）创设生活情境

日语听力教学需要紧密联系日常生活，为此，应该打造一个仿真的小社会，不断寻找与生活密切相关的听力材料，在注重创设生活情境的同时，让学生能够深入感知、记忆、思考听力内容。

（2）创设游戏情境

将听力教学内容与有趣的游戏相结合，可以使日语学习变得更加有趣，让学生积极参与，并在愉悦轻松的氛围中享受学习的过程，从而更加主动地学习。在游戏教学中，教师扮演着引导者的角色，而学生则被要求积极参与其中，展现出不同寻常的主动性。这种教学方式充分发挥了教师的引导作用，同时也赋予了学生更多自主表现的机会。在听力课上，教师可以放一段录音让学生辨认常见的生活用品。随后，挑选一些学生进行示范游戏。如果第一个学生没有完全重复出听力材料中的词语，那么重复播放听力材料，直到学生完整补充出听力材料中的全部词汇为止。如果第一个学生无法完成补充，那么可以由第二个学生进行补充。这会在一定程度上激发学生的竞争心态，进而提高他们的注意力和效率。同时，根据听到的语音进行模仿重复，有助于引导学生练习正确的日语发音。这种方法不仅有助于设定听力教学的目标，还具备增加趣味性的功效，能够让学生通过游戏来提升听力水平。

（3）创设情感情境

情感是教学的核心，若教师忽视了情感，则会失去教学的本质。在教学中，教师应该利用情感因素来激发学生的学习兴趣，通过情感教育创造最好的心理状态，并与学生一同建立一种快乐、舒适、平等和协作的教学环境。在日语听力课程中，适当表达情感可以提高听力效率，从而达到事半功倍的学习效果。

（4）运用多媒体情境

随着多媒体技术的不断发展，听力教学的效果有所提升提升。多媒体技术通过融合声音、图像、动画及影像等元素，可以突破时间和空间的限制，创造一个逼真、丰富、立体的日语学习环境，让学生仿佛亲临其境。为了让学生更好地领会日语的语言表达，教师可以在听力教学中插入一些有趣的日本影视剧片段，以最大限度地激发学生的兴趣。这样可以帮助学生了解日语在不同语境下的表达方式。除此之外，教师还可以播放一些受欢迎的日语歌曲，以营造良好的听力教学氛围，同时让学生更好地了解日本流行文化。

（5）利用角色情境

教师可以通过引导学生在掌握日语对话内容的基础上扮演角色，让学生亲临其境地进行日语训练。学生需要透彻理解文章的含义、准确运用语法，并最终能够在特定情境下自如地使用日语，以成功地掌握这门语言。另外，听力和口语是紧密联系在一起的两个训练模块，要想学会地道的日语，必须将听说结合起来进行训练，这样可以达到事半功倍的效果。

实践证明，情境教学法打破了传统教学方法仅注重智力因素的局限，将语言、行为和情感有机结合，并将激发学生情感作为核心策略，它在日语听力教学领域得到了广泛应用。这种方法可以有效地激发学生的学习兴趣，调动他们的学习积极性和自我主导性，提升听力教学效果。

（四）直接教学法

1. 直接教学法的特点

直接教学法的主要特点是课堂上只用日语交流，使教师口授的句型留在学生的脑海中，学生通过不断模仿，可以更加熟练地掌握某种结构和句型。需要注意的是，直接教学法对师生双方的要求都很高。

2. 直接教学法的实施

首先，教师要为学生提供大量的日语例句和语言材料，让他们从日常语言资讯中自然而然地推导出文法。尽管第二外语的语法或词汇知识有限，但这并不意味着第二语言学习者的认知能力也会受到限制。与母语学习者类似，人们也能通过归纳学习来掌握第二语言的语法知识。

其次，教师在课堂上不对文法进行解析或说明，因为一旦学生把文法规则当作"规则"来记忆，就难以直接与语言的意义联系起来。如果学生不能在所学的语法和意义之间建立直接的联系，那么他们所学的知识就不能自动地转化为在交流过程中可以立即使用的工具。

最后，相对于文法，直接教学法更加强调单个日语词汇的重要性。当单独教授某个日语词汇时，教师并非只会简单地在黑板上标出这个词汇，而是会详细介绍其发音、含义和用法，同时用例句将这个词汇置于有意义的语境中。只有这样，学生才能深深地记住词汇在真实语境中的用法。只有将词汇分类存储到它们所属的活用词汇中，才能避免它们成为一个无法立即在交际中使用的、零散的（消极的）堆叠词汇。教师在与学生互动时，应时刻注意学生是否能准确运用词汇并将其正确嵌入完整的句子中。

（五）交际教学法

1. 交际教学法概述

交际教学法是一种以培养学生语言交际能力为核心的教学方法。它强调学生在真实的交际环境中使用语言，注重学生的实际语言运用能力，而不仅仅是掌握语法知识。

2. 交际教学法的实施

①明确教学目标：首先要明确教学目标，确保教学活动围绕提高学生的日语实际交际能力展开。

②创设真实语境：在教学过程中，教师应尽量创设真实、自然的日语交际环境，让学生在实际语境中体验和运用日语。

③注重学生主体地位：交际教学法强调学生的主体地位，教师应鼓励学生积极参与课堂活动，发挥自己的主观能动性。

④采用任务型教学法：通过设计各种实际任务，让学生在完成任务的过程中自然而然地学习和运用日语。

⑤鼓励合作学习：组织学生进行小组讨论、角色扮演等合作活动，培养学生的团队协作能力和日语交际能力。

⑥注重语言输入和输出：保证学生有足够的机会进行日语输入（如听、读）和输出（如说、写），以提高学生的语言运用能力。

⑦灵活运用教材：教师可以根据学生的实际情况，灵活调整教材内容，以满

足不同学生的需求。

⑧评价体系改革：建立以实际交际能力为导向的评价体系，关注学生的语言运用过程，而非单一的考试成绩。

⑨教师角色转变：教师应从传统的知识传授者转变为课堂的组织者、引导者和参与者，与学生共同完成教学任务。

⑩持续反思与改进：教师要在教学过程中不断反思自己的教学方法，根据学生的反馈和自身经验进行调整和改进。

第二节　跨文化交际视域下日语听力教学策略

一、中日文化障碍分析

中日两国地理相邻，这使得日本文化在很大程度上受到中国文化的影响，呈现出了多种类似于中国文化的东方特色。但两国文化也存在很多不同之处，造成两国文化差异的因素有很多，包括经济状况、历史传统、地理环境等因素。文化差异会造成学生某些日语文化知识的缺失，这可能成为学生日语听力学习中的障碍。下面从三个方面进行分析。

（一）语意的差异

语言由众多词语组成，这些词语反映出了不同民族的文化特征。在日语听力学习中，准确理解词语所蕴含的文化内涵尤为关键。因为日语中存在许多汉字词，受到汉语的影响，中国学生很容易理解汉字词的意思。但实际上，这些汉字词在日语中的用法和意义，与汉语存在不同程度的差异，学生往往会误以为汉语直译就是正确的，因此容易出现理解上的偏差。

1. 找不到一一对应的词汇

中文中的"农转非""希望工程""农民工"等词汇是由中国特有的历史和社会背景所塑造出来的，充满着中国文化的烙印。因为这些词在日本历史中并无对应的时代和事件，所以日本人难以理解这些词汇的意义。相似的情况，某些日语词汇在中文中也没有相应的词汇，更不用说利用汉字来理解它们的意思了，如在日语里有"下宿""心中""用立""支度"等词汇。

2. 字符一致，意义不同

在日语中，"県"是一个行政单位，但与中文中的"县"有着完全不同的含义。在日本的行政区划中，县级行政单位相当于中国的省级行政单位，但两者之间在行政系统和管理职责方面存在一些差异。"親友"指的是跟自己关系非常亲密、交情深厚的好友，不一定是亲戚关系。此外，还有许多词语，如新闻、事件、决心、伴侣、评价等，它们都无法完全对应中文的意思。即使端午节和七夕这两个中国传统节日已经传入日本，但它们在内容和文化联系方面存在着巨大的差异。在中国的文化中，人们非常熟悉的一个节日是端午节。这个节日与吃粽子、赛龙舟等活动密不可分，且很容易让人联想到著名的爱国诗人屈原。"七夕"这个词引起人们对牛郎和织女在鹊桥相聚的故事的联想。但是，这两个节日在日本，其中日本的"端午节"在阳历5月5日，这一天同时也是男孩节，人们会在家里插上菖蒲、挂上鲤鱼旗。而日本的"七夕"，大部分地区是在阳历7月7日。在这个节日里，孩子们会把自己的心愿写在小纸条上，然后将它们系在竹子上挂起来，相信这样做可以让愿望成真。

3. 惯用语

惯用语是由一个民族千百年来的文化锤炼而成，历史渊源复杂，在此略举两例：

油を売る / 磨洋工

後の祭り / 马后炮

尽管以上两种表达方式在含义方面大致相同，但它们的形式和历史渊源完全不同。日语中的"油を売る"是指工作迟缓，源于日本售发油的商家为了让女性顾客购买其发油而一直啰唆的情况。这个词随后被用来描述那些在工作中磨磨蹭蹭、走走停停的人。与之类似的中文词汇是"磨洋工"。该词源于建筑工程的一道工序，此工序称为"磨工"，这个词指的是那些专门使用磨具将建筑物的墙体磨光的工人。磨墙的工作要求耐心细致，并需要较长的时间。而1917年-1921年美国在北京建造的两所医院，中国工人称这一工程为"洋工"，其中涉及的"磨工"被称为"磨洋工"。后来人们用该词代指工作缓慢、拖沓的意思。这表明缓慢和拖延的行为在工作和生活中是普遍存在的，包括中国和日本等许多国家。为了增强听力理解技能，学生需要学会区分和记忆不同语境下不同声音符号所代表的行为表现。因此，即使不熟悉与"油を壳る"这个音符相对应的汉语词汇的含义，只要知道这个音符的历史和文化背景，仍然可以很好地理解它在语境中的意义和作用。

（二）表达习惯与行为方式的差异

说到日语的特征，不能不提到暧昧表达。日语句式简洁、语意暧昧、表达婉转、留有余地，这些特点在日常会话的听力题中表现得尤为突出。举例来说：

（男の学生と女の学生が田中先生について話しています。）

男：ねえ、田中先生って、なかなかいいじゃない。

女：まあ、若いのは若いし、スポーツもできるらしいけど、顔がちょっとね。

对于正在学习日语的初学者来说，这段文字似乎不完整，难以理解。这种表达方式虽然简略，但对话双方能够完全理解。在日本，人们表达时通常使用谨慎、委婉的语气，避免过于直白、尖锐，以便对话双方都留有余地。除此之外，中日两国的社会环境、生活习惯和行为方式等方面也是值得关注的，这些因素与文化差异密切相关。

在日本，人们需要按垃圾种类进行分类并在规定的时间倾倒；而在中国，这种行为并不普遍。因此，使用中国文化习惯来推测日本关于"垃圾倾倒"的描述，显然是不现实的。另外，学生还要对与日本独特的文化元素有关的术语，如漫画、日本料理等进行充分了解。

（三）意识和价值观的差异

日本独特的地理环境和文化氛围培养了日本民族特有的性格。中国以"仁"为核心的儒家思想传到日本后，日本人经过多年的发展形成了今天以"礼"为核心的日本儒家思想，这一日本儒家思想集中体现在日本文化中的以"和"为贵及日语中独特的"敬语"特色上。举例来说：

李：先生は何かくださいましたか。

中山：先生には中国の万年筆をいただきました。

上述例子中李先生使用"先生は何かくださいましたか"这种问法，是因为

他想询问那位老师是否做了某事（比如给了一些东西），而不是询问中山是否收到了老师的礼物或赠品。使用这种问法，可以更清楚地表达他的意图。同时，这种问法也更为直接和简洁。这反映出日本人善于从别人的立场出发思考问题，重视"和谐"的价值观。日本是一个岛国，国土面积狭窄、资源有限、地形地貌也不太稳定。远古时期，日本人必须通过集体合作的方式来狩猎以满足生存需要，而频繁的地质灾害也迫使日本人团结一致、同舟共济。由于受反复无常的外部环境和内在压力的影响，日本人逐渐形成了团队意识。在这种强调团队合作的文化中，日本各行各业的上下级之间会使用正式的表达方式。其中，一种独具特色的言语表达方式是敬语，其在日本文化中具有重要意义，也是日语专业的学生难以精通的一种语言形式。日语中广泛使用敬语，这是一个不争的事实，而汉语中对于敬称的使用范围则比较有限，因此我们不能把它们等同起来。此外，日语中使用的敬语形式与我国推崇平等的文化理念不同。语言和文化相互依存、互为支撑，语言承载着文化的内涵，文化又是语言的重要基石。为了加强听力和理解能力，我们可以采取以下三个策略：首先，不断增加对日本文化的了解；其次，深度理解日语语言心理学；最后，提高自己的理解能力，降低母语干扰的影响。通过运用背景文化知识来推断主要内容、填补未知信息，并预测接下来的信息，可以大大提高听力理解能力。

二、跨文化交际视阈下日语听力教学新模式的构建

针对上述问题，合作策略为其提供了较好的解决途径。但是涉及听力合作学习的研究较少。在合作学习理论指导下，结合日语听力教学特征，尝试构建以培养学生跨文化交际能力为主的日语听力教学新模式，其主要包含以下三个环节。

（一）布置课前任务

虽然市面上的日语听力教材很多，但很少有着重介绍文化要点的，有些仅在文末以"趣味知识"的形式附带一些相关内容。许多教师在教学中出现了主观性的干扰，缺乏充分的准备，因而无法进行有条理、清晰明了的讲解。为了进行有效教学，教师需要在上课之前，根据教材整理文化知识点，确定难度等级，并准备讲稿、PPT 等，同时确保语用信息的准确性。

视听媒介可以呈现真实的语境。日本语言听力初学阶段中所教授的会话，通常源自日常场景，包括但不限于在便利店、车站、餐厅、百货商场、学校等场所发生的对话。因为中日文化的差异，国内日语学习者对于在便利店预定演唱会门票或在饮食店点餐等对话场景往往感到不习惯，难以迅速融入会话语境，所以可能导致听力理解上的延误。采用视频媒介可以为学生提供视觉化体验，使他们能够目睹这些场景，并更加具体地了解相关社会文化现象。在信息技术不断进步的时代，互联网上的视听资源日益充足，恰当地利用这些资源，有助于克服传统纸质教材的缺点。

教师可以通过移动信息平台发布课前任务，让学生可以随时进行学习。在课前，教师可以在平台上发布相关的文化信息材料，鼓励学生自主学习。语用意识的培养不仅仅需要教师的单向指导，学生也需要积极配合和深度思考。教师可以发布需要观看的视频的清单，并组织学习小组，让每个小组负责寻找清单上的视频，教师从中挑选最合适的片段来进行教学。许多教师会对学生收集的视频感到惊喜，这是因为这些视频能够迎合学生的审美标准，激发他们对视听内容的兴趣，帮助他们提高日语听力水平。

课前任务旨在营造真实的语境。教师可以广泛利用移动信息平台，以此激发和监管学生的自主学习。与此同时，学生可以通过小组协作方式，收集视频素材，并通过与教师的互动来共同完成课前任务。

（二）课堂进行练习

在跨文化日语教学的视角下，听力课堂教学的目的不仅在于考查学生语言知识和听力技能的掌握情况，还在于培养学生的语用能力。通过课前任务预热，学生对听力材料中的语言使用和文化背景有所熟悉，但在课堂上，还需要教师进一步解释这些方面的规则。教师播放已经筛选好的视频给学生观看，以帮助他们进入讨论主题的情境，同时运用相关文化知识点，设计问题或引导学生发表个人想法，以确保学生理解所学内容。在此基础上进行简短总结，指出需要注意的语用知识点，巩固课前任务。

在进行听力练习时，教师应引导学生将他们所学的语用知识运用到实践中，以便他们能正确地理解听力材料的含义。除此之外，教师还需留意学生是否有跨文化的语用错误。听力、会话和翻译的区别在于它们的表达方式不同。口语和翻译都可以直接观察到学生的语用失误，而听力则是通过问题的答案来判断沟通是否成立，因为听力是一场学生与有声文本之间的无声沟通，即使答案正确，也不能保证学习者已经完全理解有声文本所传达的意义。

学生可以通过课堂练习来运用他们所学的语用知识并加深对其的理解，进而将其应用于实际对话中。在课堂上，教师应清晰地呈现语用知识点，以此提高学生的语用意识。经过前期的准备工作，教师能够通过课堂练习引导学生利用他们掌握的语用知识去准确理解会话的含义，并提醒学生避免跨文化语用方面的失误。

（三）课后反馈纠正

课后反馈包含教师所提供的纠正性反馈以及学生的习得反馈。教师会在课后总结学生常犯或易忽略的语言错误，并及时给予特征。学生会对教师的指导进行反思，重新审视自己的听力理解方式，总结过去的思考过程，并将这些内容用书面形式记录再提交给教师。同样可以使用移动设备在课余时间进行这种互动交流，教师可以在移动教学平台上发布评论，并与学生通过类似聊天的轻松形式进行互动。这样可以避免给学生造成太大的压力，防止他们因为不喜欢而提供不实的反馈信息。

在这个步骤中，教师能够间接地了解学生的听力理解方式，精准掌握学生的语言运用能力，从而更好地纠正学生在跨文化语言学习中可能出现的错误，更有效地辅导和帮助学生。此外，学生可以通过反馈环节进行自我反思，进一步巩固他们所掌握的语用知识。

日语听力教学内容的设计受到跨文化交际能力的影响。在情感方面，需要着重培养学生的挑战精神和积极适应能力，同时提高他们对不同文化的敏感性和包容能力。在实践中，教师要引导学生运用相应的知识和技巧来理解言语，从而成功地进行听觉交流。遵从跨文化交际学的原则，听力教学应该将与文化相关的信息引入教学中，并采用显性教学的方式纠正学生在跨文化语用方面的错误，同时提升他们的语用意识和听力理解水平。这种教学方法的另一个好处是，通过充分利用现代移动教学平台，将课程内外融合在一起，鼓励学生自主学习和进行团队合作。

第四章　跨文化交际视域下的日语口语教学

随着全球化的发展，中国的邻国——日本已经从全球化中收获了累累硕果，不仅经济实力有所提升，同时文化输出更是在持续进行中。本章内容为跨文化交际视域下的日语口语教学，论述了日语口语教学的原则和方法、跨文化交际视域下日语口语教学策略。

第一节　日语口语教学的原则和方法

一、日语口语教学的内容与原则

（一）日语口语教学的内容

日语口语教学是以培养学生的口语交际能力为目标的课堂教学，其教学内容大致包括以下三个方面。

1. 语音、语调

语音、语调具有一定的表意功能，只要人开口说话就必然会涉及语音、语调，如高低起伏、轻重缓急、音调音质等。在教学中，教师不仅要关注句子层面的语音、语调，而且要关注口语语篇中的语音、语调。

如果发不出想发的音，那么就无法表达出想表达的意思。这句话充分说明了在口语教学中语音、语调教学的重要性。

2. 口语的特征

口语有其自身的语法和词汇。例如，在口语语篇中，当谈话内容涉及听者的时候，疑问句通常省略主语和辅助动词。口语中常见的词汇模式是重复单词、使用同义词和反义词等，了解口语的特征有利于提高学生口语的得体性。

3. 交际知识和互动技能

怎样开始谈话是一个重要的问题，怎样结束谈话也是一个值得研究的问题。在口语教学的过程中，教师需要引导学生掌握以下两种口语交际技能。

①话轮转换技巧对会话的成功起着至关重要的作用。话轮转换对于本族语者来说很容易就可以学会，但对于二语学习者来说却是一件很难掌握的技巧。

②口语教学还应培养学生在互动中进行意义磋商的技能。要求做到引出话题、转移话题、插话、维持交谈、引起注意、话轮转换、澄清意思、请求澄清、表示倾听和理解、预示和结束谈话，以及利用语音、语调表达意思等技能的培养，以达到提高口语表达的得体性、准确性、流利性和连贯性，增强"语感"的教学目的。

（二）日语口语教学的原则

1. 鼓励原则

交际日语能力的提高是一个循序渐进的漫长过程，需要良好的日语氛围和不懈的努力。因此，教师应该致力于为学生营造这种口语学习氛围，鼓励学生不断练习口语。具体来说，教师可以从以下几个方面着手。

①上精读课时，教师可以要求学生发表与课文主题相关的看法，这样做可以锻炼学生的口语表达能力，也可以加强学生对课文主题的理解，提高其独立思考的能力。

②教师可以把"听力课"变成"听说课"，让学生听完材料以后对材料主题、内容等发表意见。

③教师可以鼓励学生多参加日语课外活动，如日语角、辩论赛、日语朗诵、角色扮演等。这些灵活多样的活动都需要学生开口说日语，有助于激发学生的兴趣，增加学生的口语练习机会，引导学生变被动练习为主动开口交流。

④注意纠正错误的策略。很多学生由于因为基础薄弱，所以不敢开口说日语或说的时候十分紧张，害怕出错，此时教师若揪住学生口语表达中的错误不放，大讲特讲，学生就会产生畏惧心理，以后更加不敢随便开口了。因此，对于学生的口头表达，教师应该多表扬、鼓励，纠正学生表达错误时不要遇到错误就纠正，而应该纠正那些严重损害语义的错误。另外，当学生的表达陷入困境时，教师也应给予帮助，使学生顺利完成表达。

2. 与实际生活相关的原则

在交际日语教学中，教师可以为学生多设计一些与实际生活相关的情景，使学生意识到交际日语的实用性、重要性、趣味性，从而积极投入口语练习活动。例如，教师可以根据中日饮食文化的不同，让学生用所学词汇将中日美食做一番总结、对比等。这样做一方面可以巩固学生的词汇量，另一方面也可以锻炼学生的日语口语。需要指出的是，在情景练习中教师还要鼓励学生变换句型，不能一成不变地使用同一个句型，这对口语能力的提高是十分不利的。

3. 坚持日语教学的原则

交际日语教学时间的不足严重制约了学生的口语发展，因此教师要尽量使用日语授课，充分利用课堂上的每一分钟，增加学生与日语的接触时间，这将有助于培养学生用日语看、听、说、写、思考的习惯。即使有的学生日语水平较低，教师也不能放弃用日语教学的原则，而应使用一些简单、基本的教学用语，尽量保证每个学生都能听明白，久而久之，学生的听力水平也会有所提高，教师可以逐渐使用一些较难的课堂指示语，促进学生的口语表达。教师在用日语授课时应注意学生的反应，观察学生是否听懂了所讲的内容，对于个别十分难懂的内容也可以适当用汉语解释，但点到即可，不能过多地使用汉语，否则很容易加大学生对汉语的依赖。

二、日语口语教学的方法

（一）将日语语法教学应用于日语口语教学

1. 日语语法的特点

（1）抽象性（概括性）

语法讲的是规则，而规则最大的特点就是抽象。语法所阐述的语言的结构规则是从无数具体的、千差万别的句子中总结出来的，虽然个别的语言材料无以计数，但作为客观存在的词的结构方式、词组和句子的结构规则等却是有限的。日语的语法具有抽象性和概括性。

（2）稳定性

虽然语言总是处于变化之中，语法也会随着时间的推移而发展变化，但同词汇、语音相比，语法的变化要缓慢得多，因此语法具有稳定性。语法的稳定性也与语法的抽象性密切相关。语法是一个由各种抽象的规则构成的有机体系，许多语法手段和语法范畴都会沿用很多年而较少发生变化，如日语的语序一直都是主宾谓结构的。

（3）民族性

各种语言都有明显的民族性特点，不仅表现在语音和词汇上，也表现在语法上。一种语言的语法的民族性特点只有在同其他语言的比较中才能总结出来。例如，日语语法的民族性主要体现在：形态比较发达，语法意义和语法功能通常是通过特定的标记来表示的，即日语的目标性比较明显。

2. 语法教学的作用

现今，人们对日语语法在日语教学中的作用越来越重视。为了让学生更好地掌握日语口语和与人交流的技能，更深入地理解日语知识，很多学校已开始实行语法教学法。这种教学法不仅可以帮助学生提高学业成绩，也可以让他们更积极地学习日语。这种教学方式最终实现了教学效果的最优化。掌握日语语法是日语学习的基础，它有助于提高学生对日语句子的理解程度，帮助学生理解句子的各个成分，以及翻译时更加准确地表达句子和文章的主题。然而，考虑到实际应用，在理解句子的组成部分和词汇的含义时，仅仅凭借语法是具有一定难度的。学生需要熟练掌握较为复杂的语法结构。

在进行日语语法教学时，教师会观察到以下情况：如果学生还没有掌握整篇文章中的词汇，那么要求他们去翻译文章或句子会有一定的困难。即使学生已经学过这些词汇，也可能无法理解和翻译句子，导致翻译的内容比较生涩和难以理解。从根本上来看，若学生没有掌握好文章或句子结构的组成元素，也就是语法知识不牢固，可能会导致他们无法深刻理解句子和文章的含义。为了确保学生获得良好的日语翻译和解析能力，以及熟练掌握语法的结构和应用方法，需要先丰富他们的语法知识储备。这样才能提高学生的日语成绩，并使其在今后的学习、工作和生活中充分发挥日语口语能力。

3. 日语语法教学在日语口语中的具体应用

（1）在日语口语词汇句子教学积累中，增加语法教学

日语语法教学的优势在于，它能够帮助学生更好地理解日语的句子结构和

语法规则。在日语口语教学中，这种教学方法非常有用，它有助于提高学生的口语表达能力。因此，日语语法教学在实际的教学中具有重要的价值。要提升学生的日语口语能力，教师应该先着重帮助学生扩大词汇量和提高语句表达能力，以建立坚实的语言基础，这将有助于提高学生的语言组织能力和增加学生的词汇积累量，从而提升其口语交流能力。在日语口语教学中融入语法教学，关键在于将词汇和句子结合起来，再以此为基础展开教学。通过语法教学，教师可以帮助学生更好地理解句子成分，了解哪些词汇和语法结构可以组成通顺流畅的句子。只有在形成了良好的日语句子组织能力后，才能进一步提高学生的口语表达水平。当进行日语语法教学时，教师应该创造良好的教学环境，因此需要教师充分调动学生的注意力和兴趣。在利用语法教学进行口语教学时，教师应注重加强与学生间的互动，并制定合理化的教学目标，针对不同学生开展个性化教学。通过以上方法，教师可以实现教学效果最大化，促进学生的全面发展。

（2）在日语口语交流过程中，利用语法教学提高学生的理解程度

教师在完成对学生进行基础日语语法教学的任务后，需要进入第二个教学阶段。在此阶段，教师需要开展口语交流教学，以此来提升学生的口语交流能力，即让学生用日语说出句子和文章。在这个教学过程中，首先，教师应该运用多媒体和音频工具来进行口语教学，让学生根据多媒体和音频工具正确的发音，同时了解句子和文章的语法结构以及词汇的构成。教师应该鼓励学生在理解句子和文章主旨的基础上，深入分析句子和文章的语法特点，并且通过小组讨论或课堂公开讨论的形式来加深学生对日语语法知识的理解和记忆，提高他们的口语表达能力。这体现了日语语法教育与口语教育密不可分的关系。其次，为了实现口语教学的最佳效果，教师可以鼓励学生在教学过程中灵活运用已学的知识和表达方式，自主构思文章和短语，然后鼓励学生朗读所构建的句子和文章，并搭建讨论平台，对其语法运用进行分析和探讨。对于构建得比较出色的日语文章，教师可以安排不同学生分角色进行对话和朗读。这种方式可以提高学生的日语口语沟通技能和深入理解语法知识的能力，为他们今后更好地学习日语打下坚实的基础。同时，这也可以帮助他们构建更加复杂多样的日语句子和文章。

（二）配音活动与角色扮演

1. 日语配音活动

日语配音活动的开展方式并不是固定的。教师可以先让学生听电影或电视剧片段，再讲解其中的语言点，讲解后再给学生放一至两遍，让学生尽量记住里面的对白。然后将电影或电视剧调至无声，让学生根据记忆为其配音。除此之外，教师也可以先让学生观看一段无声的电影或电视剧片段，然后让学生发挥想象力为画面配音。这种方法更有助于激发学生的想象力，调动他们的参与积极性，口语锻炼的效果也会更好。

2. 日语角色扮演

角色扮演是一种深受学生喜爱的教学活动，也是情境教学的一种主要教学手段。操作时，教师可先为学生提供一个具体的情景。这种角色扮演有助于增加口语教学的趣味性，降低学生对口语学习的畏惧；有助于将学生从机械、重复、单调的练习中解放出来，为学生提供在不同的社会场景里以不同的社会身份来交际的练习机会。因此，这种活动对口语教学的效果有很大的提升作用。

（三）协作式教学法

1. 协作式教学法概述

协作式教学法的理论基础是建构主义学习理论。建构主义学习理论认为，学习环境涉及四个重要方面，即"情境""协作""会话"和"意义建构"。这一理论强调了个体在建立认知结构过程中所扮演的积极角色，并强调了学习是以社会和互动为基础的协作过程。建构主义学习理论奠定了以学习者为中心的教学观念。日语口语教学可采用协作式教学法，其中学生扮演主导角色，在教师的支持下与其他人协作交流，以达到意义建构的目的。

2. 协作式日语口语课堂教学模式的应用

以学生为主角，以合作为核心，在课堂内外的任务驱动下，致力于构建语言意义。日语口语教学中的协作至关重要，因为语言教学旨在提高学生的跨文化交际能力，这是一种涉及人际交流、沟通和合作的能力。在协作式日语口语课堂教学模式中，学生以实际任务为背景，自由组合学习伙伴，通过利用各种资源来合作构建语言意义。这种学习方法包括以下步骤：首先，教师引导学生确立目标，设计任务；其次，小组成员共同协作，利用各种资源进行学习，并在最终展示中呈现成果，在师生之间进行评价和互动；最后，进行反思和总结，然后准备下一个任务的计划。

（四）灵活练习法

1. 机械练习

机械练习不需要学生进行太多的思考，只要依样画葫芦即可。这种练习方法很简单，主要用于帮助学生记忆所学句子的语音、语调和句式。机械练习的方式主要有两种：仿说练习和替换练习。

（1）仿说练习

在仿说练习中，教师会先为学生读一篇日语语音材料，然后让学生模仿教师的发音、语调，感知词语、句子的使用。在学生模仿的过程中，教师要注意检查效果，如语音、语调是否正确，发音是否清晰，表达是否完整等，从而发现其中的问题并予以纠正。

（2）替换练习

在替换练习中，教师可以先给出几个日语例句，告诉学生替换的是哪些部分，然后让学生用所给出的成分加以替换，如用同类词替换原句中的某个词汇；用某个词汇或词组替换原句中的某个词汇；变换句中的名词数量；变换句中的动词时态。

2. 复用练习

复用练习是一种围绕课文、教师讲过的材料或情景来开展的练习活动。学生必须通过一定的思考来获得答案，这有助于锻炼学生的思考能力。下面我们就来介绍几种常见的复用练习方式。

（1）反应练习

在反应练习中，教师可以一边说句子，一边呈现事物、图片或做动作，将所说的内容表现出来，并让学生参与进来。

（2）变换说法

在变换说法的练习中，教师可以提出一个问题，让学生用不同的表达方式来回答，从而丰富学生的表达方式，开拓学生的思维，提高学生对语言的掌控能力。

（3）组句练习

在组句练习中，教师可以让学生用重点练习的词汇、句型等进行对话或说一段话。

（4）扩充句子

在扩充句子练习中，教师可以提供一些简短的句子，让学生通过增加定语、状语等句子成分将句子扩充为一个长而复杂的句子。这种练习方式有助于学生循序渐进地提高句子输出的质量。

（5）围绕课文进行练习

围绕课文进行练习既可以让学生用课文中的重点词汇、词组说一段话，也可以让学生读完课文后回答问题。

3. 活用练习

活用练习和复用练习之间既有相同点，又有不同点。相同点在于二者都需要学生认真思考，重新组织语言；不同点在于，复用练习不能脱离课文，而活用练习则允许学生发挥自己的想象力、创造力，利用课文的内容和语言来描述自己的生活，表达自己的思想和情感，因而练习得更深、更广、更具挑战性。下面介绍两种活用练习的方式。

（1）用课文中的语言叙述自己的生活

学生读完课文后，可以用课文中的关键词、句自己说一段话。例如，学习了关于家庭的课文后，学生也可以介绍一下自己的家庭；学习了关于日本节日的课文后，学生也可以介绍一下中国的传统节日；学习了关于友谊的课文后，学生也可以发表一下自己对友谊的看法。

（2）教师提出议论性问题，学生发表见解

教师可以针对课文中的某个人物、情节或主题提出有争议的问题，让学生自由发表见解。

（五）对分课堂引入日语口语教学

1. 对分课堂模式下的日语口语教学

日语口语课程旨在提升学生的口语表达能力，与基础日语和日语听力课程相互补充。日语口语课程通常采用小班教学模式，每周两小节课，覆盖整个基础阶段。课程从第一学期的第九周开始，适应零起点学生。使用外语教育与研究出版社出版的《新经典日本语会话教程》系列教材，与基础日语和日语听力课程的教材相互衔接，实现课程间的横向联系。

我们以"日语口语3"第一课"自我介绍"为例，探讨对分课堂模式下的日语口语教学。在此分三个步骤介绍对分课堂模式下日语口语3的授课流程。

步骤1：教师讲述（45分钟）。在新学期第一次授课中，教师首先讲解课程性质、课程要求和课程目标，并介绍对分课堂模式。随后，教师引导学生在第二小节课中完成第一和第二部分的练习，重点讲解"经常使用的语言表达方法"。结合敬语的用法，教师讲授"自我介绍"时常用的语言表达方法及相关注意事项。

步骤2：内化和吸收（课外）。在第一次课结束后至第二次课开始前的期间，学生需独立完成课后作业，进行内化和吸收。作业主要包括以下几个方面：①用日语介绍自己的故乡；②介绍自己的爱好，如喜欢的书籍或电影等；③如果有机会去日本，选择最想去的城市并说明理由；④阅读文化专栏，对比日本及其他国家（如韩国）的文化礼仪。

步骤3：讨论（45分钟）。第二次课的第一小节课为讨论环节，首先，教师采用扑克牌随机分组的方式，将学生分为四人一组。其次，进行组内讨论，在组内讨论环节，学生分享完成作业的心得和收获，并两两组合进行会话实际演练。最后，教师随机抽取几名学生在班级上进行发表，并对学生的发表进行评价，学生互评。

通过小组讨论和班级发表环节，学生有机会了解不同的地区和文化，学生会注意到日本与其他国家的差异，如在人物介绍方面的措辞和非语言行为差异。

2. 对分课堂模式下的日语口语教学成效

挑战与技巧是影响沉浸的两个主要因素，这两者必须处于一种平衡状态，沉浸才有可能发生。若挑战太高，参与者对环境会缺少控制感，容易产生焦虑或挫折感；反之，挑战太低，参与者会觉得无聊而失去兴趣。将讨论延后一周的隔堂讨论方式能成功地减轻参与者的紧张感和挫败感。对于那些语言能力相对较差的学生，利用分课堂模式可以提供通过刻苦努力来弥补不足的机会。

首先，分课堂模式成功地利用了信息不对称的原理，有效地促进了课堂教学。被表述的感觉和认知、书本知识、数据资料和消息等，这些构成了广义上的信息。

信息差是指在同一社会中，个人或群体之间在获取、理解和利用信息方面的差异。这种差异促使我们使用目标语言来传达信息和完成任务。在分课堂的教学模式中，学生采用自主学习的方式，获取各式各样的信息素材。在小组内讨论和汇报给全班同学时，学生之间的信息缺失可以增强课堂互动感，提高学生的学习激情。

其次，这种方法成功地将任务型教学法和合作教学法融合进来，通过学生自主完成课外作业、课堂小组讨论等环节实现日语口语的有效教学。尤其是课堂互动能够改变课堂氛围，激发学生的学习热情，同时还有助于培养学生的团队协作精神、个人责任感和集体自尊心。

第二节　跨文化交际视域下日语口语教学策略

一、日语口语教学存在的问题

（一）缺乏交流环境

在日语口语教学中，一个常见的问题是缺乏真实的交流环境。在传统的教室环境中，学生的口语练习通常会受到限制，他们只能在有限的时间内与教师或同学进行口语练习。这种环境无法提供足够的实际口语应用机会，导致学生在真实交流中感到不自信或困惑。

（二）重视程度不够

目前，我国对日语口语教学的重视程度不够，这主要表现在以下两个方面：首先，日语课在中学和大学的课时相对较少，导致学生接触日语的机会有限，难以形成扎实的口语基础。其次，学校在教学资源方面，往往优先考虑英语等主流外语，使得日语教学资源相对匮乏。

（三）传统教学方法存在缺陷

由于受到应试教育的影响，传统的教学方法注重教师讲授，学生倾听。这种教学方法虽然可以在教学初期建立基础，但由于缺乏真实情境和实用性的教学内容，学生经常只会书面表达而不具备口语能力。它无视外语教学的关键特征，对于提高学生的交际能力起不到有效的作用。

有些教师认为口语课程的教材不够灵活，难以满足教学需要。因此，他们鼓励学生自然、简单、流畅的表达，而不是追求特定的训练目标或要求特定的训练项目。然而，这种教学方式的不足在于教学内容分散，缺乏完整性和系统性。同时，这种教学方式未充分考虑语言表达的内在规则，并且缺乏针对性，这使得学生难以取得良好的学习效果，不利于提高学生的口语水平。因此，提高我国的日语口语教学水平已刻不容缓，需要教师突破传统的教学方式和方法。

为了让教学更加丰富多彩，教师需要精心策划教学课堂，采用多样化的教学手段和方法。教学内容宜注重实用性和科学性，应当涵盖多元的题材和体裁，不应局限于课本范围。同时，应该巧妙地运用语言材料和语言知识，使其贴近学生的生活，满足学生的智力成长需求。

二、跨文化交际视域下日语口语教学的具体策略

（一）在课堂上多使用日语进行教学

许多教师经常使用汉语来解释词汇、语法和文章的意义，以帮助学生更深入地理解日语。但是，不同的语言具有不同的特点和文化风格，有时很难找到完全相同的表达方式。如果进行过多的中日翻译讲解，学生的母语表达方式将难以去除，这会阻碍他们养成直接使用日语表达思想的习惯。因此，教师应该尽可能地使用日语授课。刚开始，学生可能会遇到很多困难，特别是对于长句子的理解可能需要更多的时间，此时教师可以通过重复强调、运用肢体语言和面部表情等方法来打造一个充满鼓励和支持的学习环境，从而提高学生的信心。

（二）创新教学手段，构建日语语言情境

教师可以利用新兴的多媒体设备，通过制作实物图片、视频等来让学生更真切地感受语言交流的场景，深入体验日本的语言与文化。通过全方位的感官刺激来培养学生的日语语感，从而慢慢形成用日语表达思想的习惯。

（三）听与说有机结合

"听"是一种最基本的语言接收方式，它可以帮助我们获得语言知识和信息，

并为语言交流奠定基础。在交流中，"说"的前提条件是理解对方所说的话。学习日语不可避免地涉及听说和理解表达等方面的客观规律。在日语口语教学中，教师应该将学生的听力和口语能力有机地结合起来，从而达到既强化听力能力又强化口语能力的教学目标。首先，教师必须以日语作为首选教学语言，即使没有语言环境的支持，也必须营造一个良好的口语氛围。教师必须能够讲一口流利、标准的日语，这对学生来说是极其重要的，因为只有听得多、听得准，才能说得出、说得对。其次，教师应该帮助学生养成日常使用日语的习惯，为了达到这个目的，课堂上应该为学生提供更多说日语的机会，并鼓励他们大胆地开口"说"。

（四）营造和谐的课堂氛围

教师过分注重语言的精确性和严谨性，可能让学生感到害怕和紧张，从而影响教学效果。此外，在课堂气氛紧张或沉闷的情况下，学生可能因为害怕表现不佳而选择保持沉默，这会导致他们变得更加不自信、更不敢开口说话，使口语课程很难持续，也很难提高学生的口语交际能力。因此，教师应在课堂中担任引导者的角色，积极营造宽松、和谐的氛围来进行口语训练，针对不同的学习材料采用多种形式的口语训练活动，引导学生积极参与其中。在教学过程中，教师需要与学生建立良好的互信关系并相互尊重，积极融入学生的视角，从而促进师生之间的情感交流和沟通，共同营造一种和谐、轻松的学习氛围。

（五）培养学生的自信心

教师应该充分关注学生的个性化特点，根据他们在学习成绩和性格方面的差异，灵活调整教学内容，确保教学效果最佳化。教师需要引导优秀的学生和学习成绩较落后的学生，以及性格外向和内向的学生相互帮助；需要努力挖掘每个学生的特长，为不同层次和基础的学生提供展示自己才能的机会。在口语训练项目中，教师应该一视同仁，无论是学习成绩较落后的学生还是性格内向的学生，都不能区别对待。要及时肯定他们的进步，并给予支持和激励，帮助学生在愉悦、轻松的语言氛围中逐渐提高日语口语交际能力。

日语教育工作者面临着一个重大任务，即提升学生的日语口语交流能力，使他们成为能够满足社会需求的实用型日语专业人才。在日语教学中，学生的口语交际能力相对较弱。因此，作为一名日语教师，必须将提高学生口语交际能力放在教学内容的首要位置。应该切实采取行动，不断探索适合口语教学的方式方法，在教学过程中帮助学生提高语言技能。教师不仅要指导学生学习语法与词汇，还要注重学生的实践能力，让学生能够在使用语言的过程中增进交流能力。

（六）加强文化背景知识的了解和学习

在中国文化所涉及的会话内容中，提起诸如年龄、收入、财产、家庭和婚姻状况等内容，是表示对对方的关心，但如果不自觉地迁移到日本文化的会话中，会变成对日本人隐私权的侵犯。另外，日语中还有男性用语和女性用语的区别。在委婉表达拒绝时，日本人通常会避免伤害到对方的情绪，如拒绝他人的邀请会先表达谢意，再委婉地拒绝。因此，日语教师在教学中要把教授语言知识和文化背景知识有机地结合起来，帮助学生提高语言应用的得体性。要想真正地掌握一门语言，就必须明白，每一门语言都是其文化的载体，语言的使用无不反映着说话人的文化背景。中国学生因为受根植于内心深处的母语文化的影响，所以在用日语进行口语表达时总会带有汉语思维和表达方式，反映中国的社会背景等。因此，在日语口语教学中，教师应该将文化和口语教学相结合，利用文化导入的方法来教授日语口语。

1. 文化导入的内容

在文化导入教学开始之前，教师必须明白文化导入的内容。文化对语言的影响主要表现在两个方面：词语意义和话语意义。因此，在日语口语教学中，教师也要从这两个方面来导入日语文化。

2. 文化导入的方式

（1）结合教材导入

根据每节课的教学内容，教师可以结合教材向学生介绍一些与当堂课的学习内容相关的背景知识。例如，在一节关于饮食的口语课上，教师可以向学生介绍一些其他国家的饮食文化，并为学生补充一些相关词汇、常用语句。这种方式是最直接、最自然的导入。

（2）结合多媒体导入

中国学生的日语口语学习有一个极大的不利因素——缺乏大的日语环境。日语环境的缺乏导致学生无法感受日语及日本文化，增加了他们口语表达的困难。

对此，教师可以利用多媒体为学生提供大量的日本文化知识，创设真实的日语情景，使学生亲临其境般地感受日语及日本文化，从而有效激发学生的学习热情。

（七）借助多媒体教学手段，利用异国文化材料

当前，随着互联网技术的快速发展，学校也应与时俱进地采用网络多媒体来辅助教师授课。教师应用网络查询各个国家的相关文化材料，再应用多媒体技术将其呈现给学生。教师在选择文化材料的过程中需要筛选一些真实的、有针对性的文化材料，如在介绍节日相关活动的过程中，教师可以从网上找一些真实的音频资料呈现给学生，这样学生可以更好地了解其他国家或地区的文化。

（八）提供真实的口语交际环境，培养学生的"输出"能力

许多人都在学习日语，但只有少数人能够熟练地运用日语进行表达。学习语言的终极目标是能够运用所学语言。因此，为了帮助学生提高口语表达能力，日语口语教学中教师应该为学生提供真实的口语情境。这样，学生可以更好地掌握实际口语交流所需的技巧。除了传输知识，教师还应该注重培养学生的"应用"能力。语言学习的最终目的是让学生掌握语言技能，并且能够成功地运用它们来表达自己的思想。如何才能熟练运用语言？提供真实的语言环境是学习一门语言的必要条件之一，因为人们通常认为只有置身于该语言所处的环境中，才能更好地掌握该语言。在课堂口语活动中，教师可以采用情境教学的方法，模拟实际语境，让学生练习口语交际能力。例如，教师可以让学生在模拟的场景中询问建筑物的具体位置。教师也可以设置游戏规则和奖惩制度，激发学生的竞争意识和好奇心，从而在轻松有趣的氛围中进行教学活动。这种方法可以帮助学生更好地掌握语言技能，同时提高学生的学习兴趣。此外，在教授日语口语时，教师需重视培养学生的表达和思考能力，同时关注学生是否使用中式日语与同学交流。因为学习时间有限，学生往往无法完全掌握日语表达方法，所以学生在表达时常常会受到中文思维方式的影响。这可能会妨碍他们交际能力的发展，并在跨文化交际中遇到困难。因此，日语口语课堂教学不可或缺的内容之一就是培养学生的日语思维方式和表达能力。

第五章 跨文化交际视域下的日语阅读教学

语言是文化的一部分，一个民族的文化常常通过该民族的语言表现出来，不同语言之间的差异不仅表现在语言的形式、结构、表达方式上，而且体现在其文化气质上。本章内容为跨文化交际视域下的日语阅读教学，介绍了日语阅读教学的原则和方法、跨文化交际视域下日语阅读教学策略。

第一节 日语阅读教学的原则和方法

一、日语阅读教学的原则

（一）激发兴趣原则

无论是何种学习，激发学生的学习兴趣才能达到最好的效果。因为兴趣是最好的老师，它可以激发一个人对事物的热情，可以调动一个人的积极性。学生对阅读是否有浓厚的兴趣是教学成败的关键，因为学生对日语阅读产生了兴趣，才会积极主动地投入日语阅读的学习中。

（二）因材施教原则

每个学生的学习成绩都不到，教师应注意满足不同水平学生的特殊需要，对于一些阅读成绩不佳，甚至自暴自弃的学生，教师可以先布置简单的阅读材料，并逐步增加难度，让他们看到自己的点滴进步，还要经常表扬、鼓励他们，帮助他们重新建立起学习的信心。而对于一些基础好的学生，课堂上的阅读常常满足不了他们的阅读需求，教师应布置一些富有挑战性的阅读任务，以满足其阅读需求，如介绍和推荐一些日文原著小说等读物。

（三）速度调节原则

阅读速度和理解能力因人而异。既有阅读速度快、理解能力强的学生，也有阅读速度慢、理解能力弱的学生。换句话说，阅读速度的快慢不一定等于理解能力的强弱。当学生词汇量变大，语义、句法知识有所增加，语感有所增强和阅读技能有所提高以后，阅读速度自然会随之加快。这个阶段教师就可以进行相应的限时训练，并加强训练的强度，进而完成阅读教学的目标。速度调节原则的出发点就是要求教师在阅读教学过程中做到张弛有度，根据不同阶段的教学目标进行相应的调整。教师切忌一味地追求阅读速度而忽略了对学生理解能力的培养。

（四）循序渐进原则

提高学生的阅读水平不是一朝一夕的事情就能完成，阅读教学目标的完成也不可能一蹴而就，它是一个循序渐进的过程，需要一个合理的总体设计和长远规划。对于材料选择、任务确定、阅读方法以及阅读教学的反馈等方面，教师都要考虑周全；教师应积极引导学生采用适合自己的阅读方法，从而能完成阅读任务，提高阅读水平。

（五）真实性原则

概括来讲，阅读教学的真实性包括以下两方面的含义。

1. 阅读材料的真实性

选择阅读材料时要考虑学生日常生活中的交际需要。对此，教师应从现实生活中选择文体多样、适合学生语言水平、学生喜闻乐见的阅读材料，

2. 阅读目的的真实性

虽然阅读活动具有一定的目的性，但无论是出于何种目的，都要以真实性为基础。人们阅读可能是为了获取信息或者验证自己已有的知识，可能是为了点评作者的思想或者写作风格，也可能是单纯地为了消遣。阅读目的不同需要采取的阅读方法也不同。

二、日语阅读教学的方法

（一）生态式教育模式

1. 生态式教育概述

（1）生态式教育的基本定义

生态式教育是一种将生态学的原理和理念应用于教育领域的创新教育模式。这种教育模式诞生于对传统教育模式的批判与反思，旨在通过模仿自然界的生态系统来构建一个更为和谐、可持续的教育环境。在生态式教育模式中，学生、教师、教学内容和教学环境都是互相联系和互相依存的，就像生态系统中的生物个体与其环境之间的关系一样。

生态式教育不仅仅是对知识的传授，更加强调学生的全面发展和自然环境的保护。它倡导在教育过程中，应充分考虑教学活动对社会、文化、经济和自然环境的影响，尽量降低负面影响，提高正面影响。在这种教育模式下，教育过程被视为一个开放、动态的系统，它能够自我调节和自我更新，能够适应不断变化的外部环境。

在具体教学实践中，生态式教育强调以学生为中心，鼓励学生主动探索和发现问题，而不是被动接受知识，而教师的角色从知识的传授者转变为学习过程的引导者和协助者。课程内容不再局限于教科书和标准化考试，而是包含了更多与学生生活和自然环境相关的实际问题。这种跨学科的学习方式有助于培养学生的综合思维能力和解决实际问题的能力。

生态式教育强调学习环境的重要性。它认为学习环境不仅包括物理空间，如教室和校园，也包括文化氛围和社会环境。一个支持性强的学习环境能够促进学生创造力的发展。因此，创建一个有利于学生健康成长的学习环境成为生态式教育的重要组成部分。此外，生态式教育还关注教育的可持续性。它倡导教育资源的合理分配和有效利用，鼓励采用节约资源的教学方法和技术，以减少环境负担。同时，通过教育来提升学生的环境意识和责任感，使他们成为未来可持续发展的倡导者和实践者。

（2）生态式教育的基本特征

①整体性。正如生态系统中的每一个元素都是相互关联和相互依存的，生态

式教育也提倡知识的整合，强调不同学科之间的联系。它摒弃了传统教育中学科间的割裂，倡导跨学科的学习方式，以培养学生的综合思维能力。

②动态平衡。生态系统通过物质循环和能量流动来维持平衡。同样，生态式教育倡导在传授知识和培养能力之间找到平衡点，确保学生在掌握基础知识的同时，还能获得必要的技能与能力，如创新思维、批判性思考能力等。

③自适应学习。生态式教育认为学习是一个自适应过程，这一点源于生态系统内部自适应机制，这一机制使生物在面对环境变化时可以调整自身以达到最佳生存状态。同样，生态式教育鼓励学生根据自己的兴趣和能力，以及不断变化的社会需求，自主地选择学习路径和方式，以便最大限度地发挥潜能。

④环境重要性。与生态系统中环境因素对生物活动的影响相仿，教育环境对学生的学习和发展同样起着关键作用。生态式教育提倡创造一个具有支持性和包容性的学习环境，这样的环境能够激发学生的学习兴趣和好奇心。

⑤可持续发展。生态系统的可持续性依赖于资源的合理利用和生态平衡的维持，同样，生态式教育也致力于培养学生的可持续发展意识。其教育内容和方法均致力于让学生理解人类活动对环境的影响，并培养他们的责任心，鼓励他们积极采取行动以促进社会和环境的和谐共存。

2. 日语阅读教学生态式教育模式策略

（1）第一课堂环境的合理构建

生态式教育强调教育环境的整体性和动态平衡，主张教学活动应该像生态系统一样和谐发展，每个元素相互依存、相互作用。高校日语教学在构建第一课堂时，可以采用生态式教育模式，构建一个开放、互动、和谐的教学环境，以促进学生语言能力的全面发展。

传统的日语教学往往注重语法、词汇的传授，而忽视了文化、历史、社会等方面知识的教学。生态式教育强调内容的多元化，因此日语教学应融入更多关于日本的文化背景、商务礼仪、日常交流习惯等实用内容，使学生能够在多样化的语言环境中得到全方位的锻炼。

高校日语教学的评价体系也应当符合生态式教育的理念。传统的评价体系过于单一，往往只关注学生的书面考试成绩。在生态式教育模式中，应构建多元化的评价体系，不仅考核学生的语言知识掌握情况，还要评价学生的语言运用能力、跨文化交际能力和学习策略的运用能力。实践报告、口语测试、团队项目等多种评估方法，可以更全面地反映学生的综合语言水平。此外，高校日语教学应利用现代信息技术，构建虚拟的日语学习环境。随着互联网和多媒体技术的发展，线上教学平台、语言学习软件、虚拟现实技术等新型教学工具越来越多地被运用于语言教学中。通过这些工具，学生可以在一个接近真实的日语环境中学习，这不仅能够增强学习的趣味性，也能显著提高语言学习的效率。

高校日语教学还应当注重与其他课程的联动，构建跨学科的学习平台。例如，可以与经济学、国际贸易、文学等相关专业合作，开设跨学科的日语课程。这样的课程设置不仅有助于拓宽学生的视野，还有助于学生在学习日语的同时，了解更多的专业知识，提高日语实际应用能力。

（2）教师教学主体的转变，教材的合理选编

在生态式教育的视角下，高校日语教学模式面临着传统教学与现代教育需求之间的转变。生态式教育强调教学生态系统中各个要素的相互作用与相互平衡，倡导一种包容性、动态互动和可持续发展的教育理念。在此框架下，高校日语教学中教师的角色和教材的选编都应当遵循生态学的原则，实现从传统教学向以学生为中心转变、从知识传授向能力培养转变和从闭环教学向开放互动教学转变。

首先，实现教师教学主体的转变需要引入多元化的教学模式。教师不再是知识的单一传授者，而是学习的引导者和协助者，他们的职责在于建立一个支持学生自主学习和探究知识的环境。在日语教学实践中，教师可以采用项目式学习、翻转课堂等教学方法，将课堂从教授型转变为探究型，从而激发学生的学习兴趣和主动性。在这种模式下，教师与学生之间的互动更加频繁，学生的反馈直接影响教学内容和方式的调整。

其次，教师的角色应当从知识的单向传授者转变为学生学习过程的引导者和协助者。在生态式教育模式下，教师应更多地鼓励学生主动探索、自发互动，而不是简单地将知识灌输给学生。例如，通过开展角色扮演、模拟对话等互动式教学活动，教师可以引导学生主动使用日语进行沟通，从而提高语言实际运用能力。

高校日语教材的合理选编是构建有效教学的基础。生态式教育强调教材内容的真实性、时代性和实践性。因此，教材的选编应当充分考虑学生的实际需求和，体现日本语言文化的最新发展动态，同时着重培养学生的日语应用能力。合理的

教材编选应该提供丰富的语境，覆盖不同的社会场景，使学生能够在模拟真实的交流中学习语言，增强其跨文化交际能力。教材内容的多样化与实践性也是生态式教育中不可或缺的一部分。除了传统的语法、词汇学习，教材应当包含多媒体材料、案例研究、角色扮演等多种教学资源。这些资源能够提供更加丰富和直观的学习体验，帮助学生更好地理解和吸收知识。

教材的选编应当实现可持续发展的教学目标。这意味着教材不仅要适应当前的教育需求，还要具备适应未来变化的能力。随着社会的发展和科技的进步，新的教学媒介和工具不断涌现，教材应当具备整合这些新的教学媒介和工具的潜力，以保证教学内容的不断更新和教学方法的不断创新。

（3）建立积极的生态式评价机制

在高校日语教学中，建立积极的生态式评价机制是实现教学目标、提升教学质量、促进学生全面发展的关键环节。生态式评价机制要求对学生的日语能力进行全面评价，而非仅仅关注语言知识的掌握。这意味着评价内容要从单一的语言知识测试，拓展至听、说、读、写、译等多个维度，同时包括日语文化理解、交际策略运用等能力。此外，这种评价机制更注重过程与结果的结合，即对学生的学习过程及其在学习过程中的表现给予一定的关注，包括学习态度、参与度、合作精神等非智力因素。

生态式评价机制要体现个体差异和多样性。评价不应该是统一标准的量化指标，而是应该根据每个学生的学习水平、学习路径及个人特点进行个性化评价。这要求教师摒弃"一刀切"的评价方式，转而采用更为灵活多变、能够适应不同学生需求的评价方法。在实际操作中，可以通过制定多层次、多样化的评价指标来实现，同时鼓励学生自我评价与同伴评价，以增强评价的参与性和互动性。

积极的生态式评价机制还应注重评价反馈。评价不仅是对学生过去学习成果的总结，更是对其未来学习方向的指导。因此，评价反馈应当及时、具体、有建设性，能够指出学生的不足之处，并提供改进的途径。这种评价反馈可以帮助学生明确自己的学习目标，调整学习策略，从而促进其语言能力的持续发展。

进一步来说，构建积极的生态式评价机制还必须要求教师提升评价能力。教师应具备全面、深入理解学生的能力，能够对学生的学习成果进行准确、客观的评价。同时，教师还需要不断更新教育观念，掌握现代化教学工具，运用信息技术辅助教学和评价,如在线测试、电子作业等,这些都能够为评价的多样性和实时性提供可能。

(二)翻转课堂应用于日语阅读教学

1.翻转课堂的由来及特点

翻转课堂是一种教育模式,它颠覆了传统教学流程,调换了课堂讲授和个人学习时间的顺序。这一模式最早由两位科学教师——乔纳森·伯格曼(Jonathan Bergmann)和亚伦·萨姆斯(Aaron Sams)在 2007 年提出,当时他们在美国科罗拉多州伍德兰公园高中(Woodland Park High School)工作。翻转课堂的核心思想是通过将讲授部分移出课堂,让学生在课外通过视频录播、音频或其他综合媒体获取知识,进而释放课堂时间用于讨论、实践和个性化学习。

翻转课堂是对传统教学模式的突破与反思。在传统的课堂设置中,教师在课堂上讲授新知识,学生在家中完成作业和复习。然而,这种模式往往引发了以下三个问题:第一,学生在课上可能无法完全吸收和理解新知识,导致完成家庭作业时产生困惑;第二,它限制了教师与学生之间的互动,以及减少了学生之间的协作学习机会;第三,传统教学模式难以适应学生的个体差异。

随着互联网和多媒体技术的普及,获取信息的方式变得更为多样化。此外,教育者开始认识到不同学生的学习风格和节奏差异,以及学生对提供个性化学习路径的需求日益增长。翻转课堂以其灵活性和以学生为中心的特点应时而生,为满足各种学习需求提供了可能性。

在翻转课堂模式下,学生首先需要在课外通过教师准备的视频或其他资源学习新的课程内容。这些材料通常被设计得较为简短,便于学生消化和掌握。通过这种方式,学生可以根据自己的节奏和需要重复或暂停观看材料,以确保理解新知识。当学生进入课堂时,他们已经对新知识有了初步的了解,课堂时间因此被用来深化理解和应用知识。在教师的引导下,学生可以进行小组讨论、问题解决、实验操作等互动性学习活动。在这个过程中,教师通过观察和参与这些活动,根据学生的理解和应用水平给予学生必要的辅导。

翻转课堂的实施对教师提出了新的挑战和要求。教师不再是课堂的主导者,而是变成了指导者、协助者和课堂活动的设计者。他们需要有能力制作或筛选高质量的学习材料，设计富有挑战性和参与性的课堂活动，并能够管理一个更为动态的学习环境。此外，翻转课堂也对学生提出了新的学习要求。学生需要培养较强的自我管理能力和主动学习的习惯，以便在课外有效地学习。同时，他们还需要适应在课堂上更加积极地参与讨论和实践的学习方式。

翻转课堂的效果受到了一些研究者的关注。一些研究指出，翻转课堂能够提高学生的学习成绩和参与度，特别是在促进学生的高阶思维技能方面显示出潜力。然而，这种教学模式的成效也受到了教师实施质量、学生接受度和学校资源等多种因素的影响。

2. 运用翻转课堂开展日语阅读教学

（1）引入任务型教学法，确保学生完成课前阅读

翻转课堂模式将传统教学的课堂讲授和课后作业阶段进行了调换，学生在课前通过视频、阅读材料等方式自主学习新知识，而课堂时间则用于深化理解、讨论和应用这些知识。将任务型教学法引入翻转课堂的日语教学中，可以进一步提高教学效果和学生的语言运用能力。

任务型教学法强调通过完成特定的、实际的交际任务来促进学习者语言能力的提高。在翻转课堂的模式下，任务型教学法能够为学生提供更多实际操作的机会，让学生在使用日语完成任务的过程中，自然而然地吸收语言知识，并在实践中提高语言运用能力。

日语教学引入翻转课堂模式后，可以设计一系列与真实生活紧密相连的任务，如日常购物对话、餐厅点餐交流、旅游咨询等场景模拟。在课前，学生通过观看课程视频、阅读教材和其他辅助材料来熟悉即将在课堂上进行的任务需要用到的语言知识和文化背景。例如，如果任务是模拟在日本餐厅点餐，学生需要了解日本的餐饮文化、菜单上的常用语以及餐厅交流的基本礼节。在课堂上，教师的角色更多地转变为引导者和协助者。教师可以组织学生分组讨论并准备即将执行的任务，为学生提供必要的支持，如解释生词、纠正发音等。通过小组合作，学生不仅能够加深对课前学习内容的理解，还能够在真实的语境中提升交际能力。

执行任务是课堂的核心环节。学生在小组内或与全班同学共同完成设定的任务，教师则观察学生的表现，及时提供指导。教师应鼓励学生创造性地运用日语，而不是仅仅依赖教材提供的例句。这样的实践不仅能锻炼学生的口语表达能力，

也能提高学生的听力理解和反应能力。

任务完成后，可以安排一段时间让学生进行反思和评价。学生可以自评或互评完成任务的情况，讨论在任务执行过程中遇到的问题和解决方案，以及如何在未来的学习中应用这些经验。教师也应该总结学生的表现，指出他们的优点和需要改进的地方，并给出专业的语言学习建议。

（2）开展个性化课堂教学

为了实现日语教学的个性化，必须针对每个学生的不同需求和能力提供定制化的教学支持，这也是开展翻转课堂的过程中值得深入探讨的问题。首先，在日语教学中实现个性化教学的基础在于准确把握学生的学习情况。在翻转课堂模式下，教师可以通过学生课前自学的视频观看记录、在线测试成绩和互动讨论的表现等多种途径收集资料，对学生的学习进度和理解程度进行精准评估。借助这些资料，教师可以对学生进行更为精细的分组，根据不同的学习水平和需求，制订差异化的教学计划。

利用翻转课堂的优势，日语教师可以在课堂上实施更为灵活的教学策略。例如，教师可以设置不同难度的任务或讨论话题，允许学生根据自己的兴趣和掌握程度选择参与。对于基础较差的学生，教师可以提供更多的语法解释和词汇记忆等方面的辅导；而对于基础较好的学生，教师可以引导他们进行更深层次的文化探讨或文学作品分析。通过这种方式，每个学生都可以在适合自己的学习区域内不断进步。

翻转课堂的个性化教学也需要丰富的教学资源。高校可以建立一个包含大量日语学习材料的在线学习平台。学生可以根据学习节奏和兴趣选择合适的材料进行自主学习。平台还可以根据学生的学习状况推送个性化的学习建议，如推荐难度适宜的阅读材料或相关的语言练习。教师在翻转课堂的教学过程中也要不断反思和调整教学策略。通过定期的课堂观察、学生反馈以及成绩分析，教师可以识别教学中存在的问题，并根据这些问题调整教学计划。这种灵活性不仅有助于增强课程的适应性，也使得个性化教学更加精准有效。

翻转课堂强调的是教师与学生的互动，这为个性化教学提供了实现的可能性。课堂上，教师可以与学生进行"一对一"的辅导，解答学生的疑惑，同时也可以在小组讨论中观察学生的互动，及时调整教学策略以适应不同学生的需求。通过这些互动，教师能更好地理解学生的个性特点，从而提供更加具有针对性的指导。

（3）进行跟踪巩固

在翻转课堂模式下，学生在课前通过观看视频讲解、阅读教材等方式自学，在课堂上则通过讨论、实践等互动形式深化理解。为了提高教学效果，教师需要对学生的学习进度进行有效的跟踪。针对课前自学阶段，教师应制定清晰的学习指导目标，确保学生能够独立完成预习任务。教师可以将阅读材料和视频上传至在线平台，并附上有针对性的学习问题，引导学生思考。同时，教师可以设置在线测试或小测验，用以检测学生对课前资料的掌握情况，这些测试结果可用作课堂教学的参考。

进入课堂，教师需要设计互动性强的活动，如小组讨论、角色扮演或情景模拟等，让学生在实际运用中提高语言能力。教师在活动中不仅要观察学生的参与情况，还要注意其语言运用的准确性和流畅性，并及时提供反馈。此外，利用课堂实践活动的记录，如录音、录像等，教师可以在课后进行详细的分析和点评，帮助学生认识到自己的不足。

课堂之外，教师应着力于对学生学习进度的跟踪与所学知识的巩固。可以利用在线学习平台布置个性化的作业和挑战任务，鼓励学生在现实生活中使用日语进行交流，将学习内容运用于实际情境。除此之外，定期进行形成性评价对了解学生的学习情况同样重要。形成性评价注重过程，而不仅仅是结果，可以通过查看学生的在线学习记录、作业完成情况、课堂表现等多维度地评估学生的学习情况。教师应根据评价结果及时调整教学策略和内容，提供补充材料或额外辅导，确保每个学生都能跟上课程进度，达到预期的学习目标。

教师应该鼓励学生进行自我反思，培养他们的自主学习能力。通过日记、学习报告或自我评价表等方式，让学生总结自己的学习过程和学习成果，发现问题并制定改进措施。教师应定期与学生进行"一对一"的交流，了解他们的学习感受和困惑，为他们提供个性化的指导和帮助。

3.采用翻转课堂模式需要注意的问题

（1）教学视频要短且精

视频内容的设计应聚焦于教学大纲中的核心概念和难点问题。通过对教材的精心挑选和提炼，确保每个视频都能够围绕一个中心点或一个关键技能进行讲解。

视频应采用情景模拟、角色扮演等形式，结合日常生活中的实际场景，增强学习的情境性和实用性，使学生能够快速抓住语言使用的核心。

长度控制是提升视频精炼度的关键。研究表明，学生在观看在线教学视频时，注意力容易分散。因此，视频不宜过长，一般以5～10分钟为宜，每个视频只讲解一个关键点或一个难点，力求用最少的时间传达最核心的内容。同时，为了保证内容的严谨性，制作视频前应进行充分的教学准备，包括但不限于对日语语法、发音、词汇等知识点的准确把握。在教学演示时，利用图表、关键词汇的强调等辅助讲解和记忆，同时提供适量的例句以加强语境理解。

视频的制作和剪辑应遵循专业性原则，保证画面干净、音质清晰、字幕准确。适时配合背景音乐和动画效果，但要避免过于花哨的元素干扰教学内容。视频后可以附上简短的练习题目或思考问题，激发学生课前的自主学习动力，并为课堂上的进一步探讨和实践打下基础。

（2）统筹兼顾全体学生

在高校日语教学中运用翻转课堂模式，教师需采用多元化策略，旨在满足不同学生的需求，实现对全体学生的统筹兼顾。传统的教学模式强调教师在课堂上的主导地位，学生则处于被动接受知识的状态。相比之下，翻转课堂强调在课堂之外获取基础知识，而将课堂时间用于深化理解和应用学习，这要求教师在计划和实施教学的过程中采取更为灵活和创新的方法。

教师应根据学生的预习情况来调整授课内容。在学生预习阶段，教师可以通过在线学习平台提供教学视频、阅读材料和练习题等资源。通过监测学生的预习进度和成果，教师可以及时了解学生对基础知识的掌握程度，从而在课堂上进行针对性的讲解与辅导。教师应设计互动性强的课堂活动。翻转课堂注重学生的主动参与和协作学习，因此教师应设计小组讨论、角色扮演、情景模拟等多种互动形式的活动，使学生能够在实践中深入理解和运用所学的日语知识。此外，教师还可以根据学生的反馈和表现，适时调整活动内容，确保所有学生都能参与课堂互动。

教师应采用差异化教学策略。鉴于学生的学习背景和能力水平存在差异，教师应为不同层次的学生提供相应的学习材料和任务。对于基础较差的学生，可以提供更多的辅导材料和基础练习；对于基础较好的学生，可以提供更为复杂的任务和挑战，推动其进行更深层次的学习和思考。

教师应充分利用信息技术工具增强教学的实效性。通过在线学习平台、即时反馈系统等技术手段，教师不仅能够实时了解学生的学习状况，还可以根据学生的学习反馈调整教学策略，同时为学生提供更多个性化的学习指导。

教师应进行有效的课堂管理，确保每个学生都能在课堂上获得充分的关注。通过观察学生的课堂表现和参与度，教师应及时给予积极的反馈和必要的支持，帮助学生克服学习中的困难，激发学生的学习兴趣和动力。

（3）合理地拓展阅读

拓展阅读活动是培养学生自主学习能力、扩大知识视野的重要环节。为了合理地拓展阅读活动，教师应谨慎设计教学方案，深入挖掘阅读材料的教学潜力，并创造一个富有挑战性的学习环境，从而有效提升学生的阅读理解能力和培养学生的批判性思维。

首先，教师应选择适当的阅读材料。拓展阅读材料应与学生的语言水平相匹配，既不能过于简单使学生失去兴趣，又不能过于复杂使学生感到沮丧。教师应选择那些主题多样、文化内涵丰富、语言表达准确的日语读物。这些材料可以是报刊、短篇小说、诗歌、戏剧片段、电影剧本等，这些材料应涵盖社会、历史、文化、科技等多个领域，以满足不同学生的兴趣和需求。其次，教师应有意识地设计阅读任务和问题指导。在翻转课堂模式下，教师可以将提问与讨论作为课前自主学习的一部分。通过精心设计的问题，不仅可以引导学生对文本内容进行深入解读，还可以鼓励学生从多个角度来考察文本。这些问题可以是关于文本主旨、作者意图、文体特征、语言用法等内容，用于强化学生的批判性思维与分析能力，同时也用于提高学生在课堂上的积极性。

教师应利用现代信息技术辅助教学，提高阅读的互动性和趣味性。教师可以利用多媒体和互联网资源，如日语电子书、在线日语报刊、日语视频等，为学生提供丰富的阅读材料。同时，教师可以利用社交媒体、在线讨论板和微课等，组织学生进行线上交流与讨论，这既可以拓展阅读的范围，又可以增强学生的交际能力。

教师应鼓励学生进行批判性阅读。在拓展阅读过程中，教师应引导学生探究文字背后的深层意义，分析作者的立场和目的、文本的结构和特点、语言的选择和效果。通过这种方式，能够培养学生的独立思考能力，提高学生的语言逻辑分析能力，同时也能够促进学生对日本文化的深入理解。

（三）体验式日语阅读教学

1. 体验式教学概述

体验式教学作为一种教育理念和教学方法，旨在通过直接的经验和参与来促进学习，它是指"在教学过程中，根据学生的认知特点和规律，通过创造实际的或重复经历的情境和机会，呈现或再现、还原教学内容，使学生在亲历的过程中理解并建构知识、发展能力、产生情感、生成意义的教学观和教学形式"①。

这个概念的起源可以追溯到多个哲学和教育思想家的作品中，其中约翰·杜威（John Dewey）的教育理论对体验式教学的形成有着决定性的影响。杜威强调学习应该是一个积极参与的过程，而非被动接受。杜威在其著作《经验与教育》中详细阐述了经验在学习过程中的核心作用，他认为经验与教育之间有着密不可分的联系。杜威反对传统教育中的死记硬背，认为教育应该是生活的一个直接体验，而非仅仅是为了将来做准备。他主张"做中学"，即学生应通过参与实践活动来获得知识，这种方法有助于培养学生的批判性思维和解决问题的能力。

体验式教学的概念在卡尔·罗杰斯（Carl Rogers）等人本主义教育家的作品中也得到了进一步的发展。人本主义心理学认为，每个人都有实现自我潜能的需要，教育的目的是帮助个人实现自我潜能。罗杰斯强调教育应当以学生为中心，通过创造一个支持性的学习环境来促进个体的自我发展和个性化学习。

从理论和实践的角度来看，体验式教学与人本主义教学的关系密切。两者都强调学生的主动参与、个性化学习和学习过程的重要性。体验式教学提倡通过直接的、有意义的经验来促进学习，而人本主义教学提供了这种学习需要的环境和哲学基础。在实践中，体验式教学法常常包括角色扮演、模拟游戏、项目制学习、实地考察和社区服务等，这些方法使学生能够在现实情境中应用理论知识进行深度学习。此外，反思在体验式教学中扮演着关键角色。鼓励学生在活动后进行反思，以便加深对知识的理解。这种反思过程与罗杰斯所强调的自我评估和自发学习相呼应，是个体自主学习和持续成长的基础。因此，体验式教学的概念和实践

---

① 肖海平，付波华. 体验式教学：素质教育的理想选择 [J]. 教育理论研究，2004（1）：9-11.

不仅源自教育理论家的思想，也与人本主义教学的核心理念紧密相通。它通过强调经验的价值、学生的自主性和学习过程的重要性，形成了一种更加深刻、持久的学习。这种学习方式培养了学生的批判性思维、创造力以及适应未来复杂世界的能力。

2. 体验式日语阅读教学策略

首先，教师要明确体验式教学的目标与内容是引导学生查阅资料的前提。教师需要设计具体的教学活动，使学生知晓在活动中需要达成的学习目标和需要查阅的资料类型。例如，如果活动目标是让学生学会在餐厅点餐，那么教师应指导学生查阅日本各类餐饮文化、餐厅菜单以及点餐礼仪等相关资料。教师应提供高效检索资料的方法和渠道。在教学过程中，教师可以介绍一些专业的日语资料数据库、日本文化网站及日语学习 App 等，帮助学生快速找到所需信息。同时，教师可以教授学生如何使用关键词搜索技巧，如使用日语同义词、反义词、衍生词等进行组合搜索，以便精准获取信息。

另外，教师需要培养学生的批判性思维，指导他们如何甄选信息。在查阅到大量信息后，学生应学会如何区分信息的真伪，如辨别信息的出处是否可靠、内容是否有误、数据是否真实等。教师可以通过案例分析法引导学生讨论不同资料的可信度，帮助学生筛选高质量信息。

合作学习可以有效激发学生的主动性。教师可将学生分成若干个小组，每个小组负责查阅并分享某一方面的资料。在小组内部，学生既是信息的获取者，也是审查者和传递者，这种角色的转换能够提高他们主动查阅和甄选信息的意识。此外，实施反馈与评价机制也是不可或缺的一环。教师应对学生在查阅和筛选资料的过程中的表现给予及时的反馈，肯定其正确的检索与筛选方法，并指出其存在的不足。同时，可以将查阅和筛选信息的质量作为评价学生表现的一部分，激励学生在日后的学习中更加主动地查找和筛选资料。

其次，教师要重视培养学生的对话能力和自主思维能力。教师可以设计情景模拟活动，使学生完全沉浸在日语环境中。通过角色扮演、情境对话等活动，学生可以体验日语的实际使用场景，如在餐厅点餐、在商店购物、在机场办理登机手续等。这些活动能够促使学生主动思考如何用日语表达和交流，而不仅仅是在课堂上机械地重复语言点。教师应使用真实材料和多媒体工具来模拟日本文化背景，通过日语的电影、电视剧、新闻报道等多媒体材料，帮助学生接触到正宗的日语表达方式，同时也可以引入与日本文化相关的讨论话题。在这样的文化浸润下，学生能够主动探索、思考和讨论与日本相关的话题，比如日本的节日习俗、社会问题、历史变迁等，这种对话习惯的养成有助于加深学生对日语的理解和认识。教师还需要创设教学情境。在教学过程中，可以提出一些与现实生活相关的问题或者挑战，如在日本旅行时如何应对突发事件、如何在日本企业中进行商务沟通等。学生需要集体讨论、思考，并最终找到解决方案。这种解决问题的过程能够锻炼学生的批判性思维，鼓励他们从不同角度思考和进行语言实践。反馈和评价机制的建立同样不容忽视。教师应给予学生及时和具体的反馈，指出他们在对话和思考过程中的优点和缺点。通过定期的自我反思报告、同伴评价或教师评价，学生能够进一步认识到自己在学习过程中的进步与不足，进而更加主动地参与学习活动。

最后，体验式教学不只是阅读和理解课文内容的过程，更是一种更深层次的、互动性的学习方式。在这种教学模式下，不仅能引导学生阅读文本，而且能鼓励学生在阅读后表达自己的感受和想法，即表达自己的读后感。为了引导学生在体验式教学中重视读后感，教师需要明确读后感的教育价值。读后感不仅要求学生对课文内容进行简单总结，还要求学生能够结合个人体会，对阅读材料进行深层解读和反思。它是阅读理解能力、批判性思维、创造力和表达能力的具体体现。

情境创设能够使学生产生亲临其境的感觉。在日语教学中，可以通过模拟日本的文化场景、节日庆典、日常交流等，让学生在具体的语境中实践和体验。还可以通过角色扮演、情境对话等活动，让学生在亲身体验之后，能够进行反思和表达。

阅读材料的选择对于激发学生写读后感的积极性至关重要。教师应选择与学生生活经历相关的、能够引起学生共鸣的材料。同时，材料的难易程度要适中，既不能太简单，缺乏挑战性，也不能太难，超出学生的理解范围。

在体验式教学过程中，教师要通过提问、讨论等方式，引导学生挖掘文本的深层意义。教师可以提出启发性问题，引导学生探讨文本中的主题、情感、人物性格、作者意图等，从而帮助学生在读后感中展现出对文本的深刻理解。

教师需要在课堂上教授学生如何写读后感，包括如何组织文章结构、如何使用恰当的词汇和语句来表达自己的观点和感受。教师可以提供一些优秀的读后感范文，指出其亮点和可取之处，同时指导学生如何避免常见的写作错误。学生完成读后感的初稿后，教师应及时指出其中的优点和需要改进的地方。教师的反馈应具体、有建设性，帮助学生理解如何提高自己的写作水平。同时，教师应鼓励学生根据反馈进行修改，以提升写作质量。通过同伴评价，学生可以从不同的角度接触和了解他人的读后感，这不仅能够拓宽学生的视野，还能够学习他人的写作技巧。在同伴评价的过程中，学生在相互学习的同时，也在不断锻炼自己的批判性思维和表达能力。

第二节　跨文化交际视域下日语阅读教学策略

一、日语阅读教学的现状和问题

（一）日语阅读教学学时较少，学校办学条件有所限制

高等教育资源如师资力量、财政支持、教学设施等分布不均。尤其是在非日语专业，日语课程往往被视为次要的辅助课程，因此在课程规划时可能安排较少的学时。此外，随着全球化的推进，英语作为国际通用语言，在高校的重要性日益凸显，许多高校将更多的资源倾斜给英语教学，而日语等其他外语教学获得的资源相对较少。

教学大纲和课程设置的问题不容忽视。当前，高校日语教学普遍采用的教学大纲往往强调语言知识的传授，忽视了阅读能力的培养。日语阅读作为一种高阶语言技能，要求用较多的时间来培养学生的阅读理解能力，丰富学生的词汇量以及文化背景知识。在时间有限的情况下，教师可能更倾向于教授基础语法和日常会话，忽略了阅读教学的重要性。另外，高校日语阅读教学中存在教材选择与内容更新的问题。有效的阅读教学需要配备丰富多样、更新及时的教材，然而由于经费的限制，一些高校无法定期更新教材，使得阅读材料陈旧，不能吸引学生的兴趣。同时，教材的选择过于注重文本的难易程度，并未充分考虑文本的实用性和趣味性，导致学生在日语阅读学习过程中缺乏动力。

考核机制是日语阅读教学学时少的一个不可忽视的因素。当前，部分高校外语教学中存在应试教育的倾向，即教学内容和方法往往以应对考试为主，而忽略实际语言应用能力的培养。阅读理解虽然在大多数语言考试中占有一席之地，但在教学实践中，因为其评价标准相对模糊、难以量化，所以在实际教学中往往不被重视。

师资力量不足是造成日语阅读教学学时少的原因之一。优秀的日语教师需要具备扎实的语言基础、丰富的教学经验，以及深刻理解日本文化。在某些地区和高校，特别是一些非重点高校，因为师资力量不足，难以招聘到这样的专业人才，所以影响了日语阅读教学的质量和学时的分配。

（二）人才培养质量与数量存在时效性矛盾，培养目标定位不明确

教育资源的分配不均是造成人才培养质量与数量存在时效性矛盾的重要原因之一。日语专业的建设和发展往往受限于教育资源的配置。师资队伍的质与量、教育投入的充足性、教育技术和教材的更新速度等因素直接影响了日语教学的质量和效率，使得教学内容无法与时俱进，跟不上经济社会发展的步伐。

高校日语教学的培养目标定位不明确，也是造成人才培养质量与数量存在时效性矛盾的重要原因之一。一方面，日语人才的培养缺乏明确的行业导向和专业性要求。教育者往往忽视了与业界的沟通，导致教学内容与实际工作岗位的需求脱节。另一方面，部分高校在制订教学计划时，过分强调理论教学，忽视了实践能力的培养。导致学生在完成学业后，虽然理论知识储备充足，但难以将其应用于实际工作中，影响了日语人才的发展，影响了日语人才的综合素质和应用能力。

对于日语教学而言，国际交流合作的局限性也不容忽视。国际合作项目的匮乏，使学生缺少直接接触日语和日本文化的机会，这在一定程度上限制了学生语言实际应用能力的提升和国际视野的拓展。高校日语专业的课程内容选择也存在一定问题。课程内容往往僵化、过时，不够灵活多样，缺乏创新性。随着时代的发展，市场对日语人才的需求也在发生变化，但课程内容的更新换代速度跟不上市场需求的变化，导致学生毕业后的知识结构和能力配置不能满足用人单位的多样化需求。

高校日语专业学生的学习动机也是影响人才培养质量的一个不可忽视的因

素。当前，学生学习日语的目的更加多样化，不仅仅局限于学术研究，还包括兴趣爱好、文化交流等方面的需求。但是，如果学生的学习动机不明确或者与专业培养目标不一致，将直接影响学生的学习效果。

二、跨文化交际视域下日语阅读教学的具体策略

（一）跨文化交际视域下日语阅读教学的理论基础

1. 文化符号学概述

按照文化符号学的观点：任何文本，无论是口头的还是书面的，本身并无意义，是由阅读者赋予其意义。在阅读领域，文化符号学集中关注构成和表征的问题，将文本看作产生意义的符号的特定合成。在文化符号学中，其核心概念是文本。文本意义变化的过程、创造文本和接受文本的过程都是与他人对话的过程。

2. 文化符号学理论在日语阅读教学中的应用

在文化符号学的视域中，文本被视作一个多层次的符号系统，每一种符号都承载着特定的文化意义和价值。高校日语教师在教学过程中，对学生进行"召唤性结构"挖掘能力的培养，是一个复杂而细致的过程。该过程不仅要求学生理解语言文字本身的含义，还要求学生能够深入文本所处的文化语境中，感知并体验文本传达的深层意义。因此，教师应引导学生掌握基本的日语知识和符号学理论。语言是文本传递信息的基本工具，对日语的准确理解是挖掘文本深层意义的前提。同时，文化符号学的基本概念，如符号、意符、所指、编码和解码等，为学生提供了一种分析文本的方法论。

教师应设计符合文化符号学原理的教学内容和活动。教师在日语教学中应融入日本文学、历史、哲学等文化元素，这不仅可以丰富学生的知识结构，还可以帮助学生加强对日本文化的深层认识。通过分析不同历史时期的文本、不同流派作家的作品，学生能够感知到文本中的"召唤性结构"，即文本中暗含的邀请读者进入某种特定的文化理解和价值体验的结构。教师还应鼓励学生积极参与文本的解读和讨论活动。在日语课堂上，采用小组讨论、角色扮演、辩论等形式，让学生在实践中学会如何运用文化符号学的理论去分析文本，如何从字面意义外挖掘出作者可能有意或无意植入的文化符号。教师可以设置不同的讨论主题，引导

学生多角度、多层次地解读文本，发现其中的"召唤性结构"。同时，教师应培养学生的跨文化交际能力。理解一个国家的语言不仅是为了交流信息，更重要的是为了理解和尊重这个国家的文化。通过对文本中"召唤性结构"的分析，学生能够学会如何在不同的文化背景下进行有效沟通和交流，如何明白对方的真实意图和文化背景。此外，教师还应利用现代信息技术手段，如多媒体教学、互联网资源等，帮助学生更加直观地理解和体验日本文化。例如，利用视频资料展示日本的日常生活、节日庆典、艺术作品等，让学生在视觉和听觉上直接感受日本文化的魅力，从而更好地理解文本中的符号和意义。

文本的衔接规律是确保信息顺畅传递的关键。在日语教学中，教师需要引导学生认识到文本不仅仅是独立的句子或段落的简单拼接，而是要通过语篇中的承接词、指代词、省略和语序等语言手段来实现整体意义的构建。例如，日语中常用的接续助词"が""けど""し"等，不仅起着连接前后句的作用，还包含着转折、并列等衔接关系的隐含信息。教师应重点说明这些衔接关系在不同文化和语境中的应用差异，帮助学生准确理解并运用。高校日语教师需要明确文本衔接规律的本质，即文本中信息的连贯性和整体性。在日语学习中，这种衔接不仅仅体现在语法和句式的连贯上，还体现在文化背景和语境的匹配上。高校日语教师可以借助符号学的理论框架，教授学生如何通过理解文化符号来把握语境，从而理解文本的深层含义。

（二）跨文化交际视域下日语阅读能力的培养策略

1. 日语阅读教学要与传授社会文化知识相结合

在全球化进程不断加快的今天，跨文化交际能力的培养成为外语教学的重要内容之一。高校日语教师在进行阅读教学时，有必要将语言知识的教授与社会文化知识的传授结合起来，这不仅有助于学生更好地掌握日语，而且能够提高他们的跨文化交际能力，为未来的国际交流和合作打下坚实的基础。具体来说，教师在选择阅读材料时，应当注重材料的文化内涵，可以选取反映日本社会文化特色的文章，如描述日本传统节日、礼仪习惯、家庭结构等内容的文章，让学生在学习日语的同时，更加直观、深入地了解日本社会的多样性及其文化的独特性。教师在教学过程中应引导学生进行跨文化比较。通过对比分析，学生不仅能够了解日本的社会文化，还能够从中发现中国文化与日本文化之间的相似之处和不同之处。这种比较可以激发学生的思辨能力，提高他们对文化差异的敏感度和理解力。教师可以利用多媒体和互联网资源，为学生提供更为丰富的文化体验，如观看日本影视剧、动漫等，不仅能够让学生在欣赏中学习日语，而且能够让他们更深入地了解日本的历史背景、社会现状和文化风俗。培养学生的批判性思维也是日语阅读教学与传授社会文化知识相结合来开展教学活动的一个重要方面。在掌握了足够的社会文化知识之后，教师应引导学生思考和分析这些文化现象背后的深层次原因，以及它们对语言使用和交际的影响。这样的批判性思维能够帮助学生形成独立的文化观点，提高他们在跨文化交际中的适应能力和创新能力。

2. 在讲授语言知识的同时，要注意中日文化差异的对比

在语言学习的过程中，如果将母语的思考方式过度移植到目的语之中，就会产生许多误区。因此，教师在授课之前，先要让学生深入了解中日两国的历史文化背景。日本与中国虽然为地缘相近的两个国家，但其文化发展却呈现出各自独特的轨迹。在教学过程中，日语教师应向学生介绍两国的历史关系及其对现代社会文化的影响，帮助学生理解日语中某些表达的深层文化内涵。例如，教师应注重语言中礼仪文化的教学：礼仪文化是中日文化差异的重要体现，包括敬语的使用、问候方式、餐桌礼仪等，这些都是语言交际中不可或缺的一部分。在教授语言知识时，日语教师可以设计情景模拟练习，让学生了解不同场合下的语言表达方式，这不仅可以提升学生的语言实际应用能力，也可以加深其对日本文化的理解。除此之外，教师还应引导学生关注两国的现代文化。随着时代的发展，现代文化在快速变迁。在日语教学中引入现代文化元素，不仅能够提高课程的亲和力，也能够使学生了解两国文化在不断发展和相互影响的过程中的新面貌。

日语教师应注重培养学生的文化适应能力和批判性思维。在跨文化交际中，面对文化差异带来的挑战，学生需要快速适应并采取合适的交际策略。教师可以通过案例分析、角色扮演等方式，让学生在模拟的跨文化交际场景中进行实践，学习如何在尊重己方文化的同时，理解并适应对方文化。此外，教师也应鼓励学生发展批判性思维，使学生不仅理解文化差异，还会在差异中寻找共通点，以促进不同文化之间的融合。

第六章 跨文化交际视域下的日语写作教学

在日语教学中，写作教学是一个重要的组成部分。学生的写作能力会在一定程度上影响学生的听说与阅读能力。提升写作能力一方面需要学生自觉学习，另一方面需要教师通过日语写作教学来完成。本章内容为跨文化交际视域下的日语写作教学，介绍了日语写作教学的原则和方法、跨文化交际视域下日语写作教学策略。

第一节 日语写作教学的原则和方法

一、日语写作教学的基础理论与原则

（一）日语写作教学的基础理论

1. 认知语言学理论

（1）认知基本理论

认知语言学是一门跨学科的语言研究学科，它主要研究语言知识和语言使用如何根植于人类的认知过程。这个领域的核心理念是语言反映了人们的思维模式和认知结构。认知语言学的基本概念提供了独特的视角来帮助我们理解语言和认知的相互作用，以深化我们对人类语言和认知的理解。

（2）认知语言学在日语写作教学中的应用

①在日语写作词汇教学中的运用。第一，隐喻在日语词汇教学中的应用。在认知语言学中，隐喻被视为一种基本的思维机制，它不仅存在于语言表达中，而且深植于人类的思维模式和概念体系之中。根据乔治·莱考夫（George Lakoff）和马克·约翰逊（Mark Johnson）的理论，隐喻是一种理解和体验一种事物（即

目标域）的方式，通过将其与另一种不同的、通常是更为具体或熟悉的事物（即源域）联系起来，从而更好地理解和体验这种事物。这种认知机制反映在语言表达上，就形成了用于描述抽象概念的隐喻性语言。在日语教学中，隐喻的运用具有不可忽视的价值。日语作为一种具有丰富表达方式的语言，其隐喻性表达尤为突出，这不仅反映在词汇上，而且表现在语法结构和语用功能上。隐喻教学可以帮助学生加深对日语语言文化的理解，提高语言运用的能力和创造力。

从词汇学习的角度来看，隐喻在日语教学中扮演着"桥梁"的角色。通过引导学生探索和理解隐喻，学生可以更加深刻地把握词汇的深层含义和用法。日语中有很多表达抽象概念的隐喻词汇，如将时间流逝比作"流"（流れる），将情感的变化比作"波"（波紋）。这种隐喻性的语言不仅丰富了表达方式，而且反映了日本文化中的哲学观和审美情趣。

在语法教学方面，隐喻的探讨可以提升学生对日语特定句型和结构的理解。日语中存在很多使用隐喻性表达的固定句型，如"心に留める"（记在心里）、"顔に出る"（表情显露出来）。这类句型很难直译为其他语言，但通过解析其中的隐喻含义，学生可以更准确地领会并运用这些结构表达相应的意义。

在语用学方面，隐喻是沟通和语言运用中的重要工具。在日常交流中，日本人经常使用隐喻来表达委婉、含蓄的意思，这对于日语学习者来说是一个挑战。教师可以通过设计与隐喻相关的交际活动，如角色扮演、情景对话等，让学生在实际语境中体会和运用隐喻性语言，以提高他们的交际能力。

隐喻教学还可以加深学生对日本文化的理解。隐喻往往植根于特定的文化土壤中，通过隐喻可以触摸到日本文化的深层次价值和思维方式。例如，日语中将某些美德或理想状态通过与樱花、月亮等自然物象相关的隐喻表现出来，这种隐喻背后反映的是日本文化中对自然和季节变化的重视，以及这些元素在日本文化中的象征意义。

第二，基本层次范畴理论在日语词汇教学中的应用。基本层次范畴理论是认知语言学中的一个核心概念，是由心理学家埃莉诺·罗施（Eleanor Rosch）在20世纪70年代提出的，罗施的研究表明，在不同的层次中，有一个层次被人认为是最为"基本"的，即基本层次，在该层次范畴中具有最高的认知效率。

基本层次范畴在日语词汇教学中的应用，主要体现在构建教学模型、优化教材编排、促进词汇习得和加强文化理解等方面。

首先，构建以基本层次范畴为指导的教学模型是实现有效教学的前提。在日语教学中，采用基本层次范畴理论构建词汇教学模型，可以帮助学生以最自然的方式接触和学习最常用、最具代表性的词汇。例如，教授"动物"这一概念时，教师可以先引入基本层次范畴词汇，如"犬""猫"，而非上位范畴词汇"动物"或下位范畴词汇"柴犬"。基本层次范畴词汇更具体、形象，容易在学生心中形成明确的认知图式。

其次，优化教材编排是提高词汇教学效率的关键。在日语词汇教材编排中利用基本层次范畴理论，可以根据词汇的认知特点组织教学内容。教材可以依据基本层次范畴对词汇进行归类，对同一范畴的词汇进行集中教学，帮助学生通过比较理解词汇间的联系与区别。此外，基本层次范畴的词汇通常容易与生活经验相结合，教材可以结合实际情境设计教学活动，提高学生的参与度和兴趣。

再次，基本层次范畴理论在促进日语词汇习得中扮演着重要角色。基本层次范畴词汇由于其优越的认知特性，通常是最先被学生习得的。在日语教学中重视这一层次的词汇，有助于学生迅速建立起词汇体系，加快语言习得速度。同时，基于这些词汇的学习，学生可以更容易地扩展到上位范畴或下位范畴的词汇，形成完整的词汇网络。

最后，利用基本层次范畴理论加强文化理解也是其在日语词汇教学中的一个重要应用。不同文化背景下的基本层次范畴词汇可能存在差异，对于日语学生来说，理解这些差异有助于加深对日本文化的理解。例如，与日本的传统节日"七夕"相关的词汇有"笹""短冊"等，对日本人来说可能是基本层次范畴词汇，但对外国学生来说则不然。教学时强调这些文化特定的基本层次范畴词汇，有助于学生更好地融入目标语言的文化环境。

②词在日语写作语法教学中的运用。在传统语法教学中，"词"被视作语言的最小意义单位，其分类和功能通常以形式语法为基础进行讲解。然而，认知语言学提出语言是人类认知活动的产物，强调构成语言的"词"不仅是抽象的语法符号，还与人类的感知、情感和身体体验紧密相连。

从概念隐喻和概念整合的观点来看，"词"的含义并非固定不变，它可以在不同语境下发生变化。在日语中，词汇的含义往往通过语境的变化和语用功能的差异来展现。这种认知灵活性在日语写作中尤为重要，它要求学生能够根据不同的写作背景和需要，灵活运用和解释词汇，在语义层面上进行创新和整合。

在日语写作中，教师不应忽视"词"的象征性和意象性。认知语言学理论认为，所有语言符号都富有象征性，是通过人类的认知体验与特定的概念联系在一起的。日语中的汉字词汇尤其蕴含着丰富的文化意象和象征意义，这些词汇的运用在写作中具有重要作用。例如，不同的汉字在表达相似概念时，往往会带来不同的意象和文化内涵，从而影响文章的情感色彩和深层意义。

认知语言学在分析语法结构时提出的原型范畴理论，也为理解日语中的"词"提供了工具。在这一理论框架下，"词"的语法类别不再是固定不变的，而是构成了一个以最典型成员为中心，其他成员按照共享特征的程度排列开来的范畴网络。在日语写作教学中，透过这一视角，可以引导学生理解并运用那些在语法类别上可能存在模糊性的词汇，如形容动词和动词的区分，以及词类转换现象。

认知语言学中的图式理论可以帮助学生掌握"词"的语法结构。图式理论认为，语言结构是在长期的使用中形成的心理图式，这些图式能够帮助我们预测和解释语言结构。在日语写作中，对于"词"的语序、配列等结构特点，可以通过构建不同的语法图式来教学，如助词的使用规则、动词形式的变化等。

认知语言学中的注意力聚焦理论也对日语写作中"词"的运用提供了新的见解。在日语句子中，"词"的选择和排列往往反映了作者的注意力焦点。例如，通过使用特定的副词或助词可以突出或背景化某些信息，从而引导读者的认知路径和解读策略。这种对注意力聚焦的理解在写作教学中尤为重要，可以帮助学生更有效地传达信息和情感。

2. 图式理论

（1）图式理论概述

图式理论是认知心理学家用以解释心理过程的一种理论，它认为人们在阅读和理解信息时会依据已有的知识框架（即图式）来组织和解释新的信息。

（2）图式理论指导下的日语写作教学策略

为了将图式理论应用于日语写作教学中，教师需要了解学生的知识背景和已有图式，包括他们对日本文化、语言结构和写作惯例的了解。在此基础上，可以采取以下教学策略。

①教师要提供丰富的日语阅读材料，以拓宽学生的知识面并增加与写作主题相关的图式。通过阅读不同风格的文本，学生能够了解不同的表达方式，并逐步建立起写作时的语言图式。

②教师要设置多样化的写作任务和活动，引导学生运用其图式知识。例如，通过模仿练习，可以让学生学习特定文体的写作结构和语言特点；通过改写任务，可以让学生根据不同情境调整语言和内容。

③教师要引导学生进行大量的写作实践。在教学中，教师需鼓励学生应用和调整他们的日语写作图式。通过写作练习，学生可以实际运用语言知识并从错误中学习，从而逐步优化和丰富自己的图式。

④教师要利用同伴评价和自我反思的方式，让学生在写作过程中主动识别和修正自己的图式缺失。同伴之间的互评不仅可以提供较为全面的反馈，还可以帮助学生学习他人的写作技巧。

（二）日语写作教学的原则

1.循序渐进原则

提高日语写作能力并非一蹴而就。必须循序渐进地进行训练。所谓循序渐进，在这里主要有两个含义。第一，从语言本身来看，写作训练要先从写作句子开始，然后到段落，最后到语篇。第二，从训练活动来看，所训练的技能也要遵循由易到难的原则。

2.作文评阅原则

日语教师在评阅作文时要在"何时评""评什么""怎样评"三个方面下功夫。作文的评阅可以在学生定稿前和定稿后这两个时间段里进行。对于评阅的内容，教师还要考虑以什么为重点的问题，因为教师不可能指出作文中每一个内容不清之处，改正作文中每一个语言表达有误的地方。写作的目的是用书面语进行交际，因此在评阅作文时应考虑的是：学生这样写，意思表达清楚了吗？教师如果可以肯定学生在写什么却没有写清楚，就可以直接将这个地方修改过来，或在评语上写明问题，让学生再思虑应该怎么写。另外，教师还可以就评阅的内容与学生进行讨论，征求他们的意见，了解学生希望教师将哪个方面作为修改的重点。

3. 范例引路原则

在日语写作中，学生面临的困难主要有两个：一是无话可写或写不深入，二是虽然有很多话要写却又不会写。模仿是日语学习中的一种好方法，这一方法可以用在写作之中，学生可以通过仿写日语范文训练自己的写作能力。另外，在学生完成写作后，教师也可以给出范文，范文不仅要在格式、内容要点、语法修辞与语言习惯上为学生树立样板，还要涵盖日语的多种表达方式，而学生在完成后能及时得到一篇比较规范的范文，在与自己的作文进行比较后，可以初步衡量出自己的写作水平，也可以及时查找出作文中存在的不足之处，这有助于促进学生的进步。

二、日语写作教学的方法

（一）交互式教学法

1. 交互式教学法的特征

交互式教学法是一种以学生为中心的教学策略，其核心在于通过师生互动和学生之间的合作来促进深层次学习。该教学法特别强调思维技能的发展，如批判性思维和创造性思维的发展。

交互式教学法要求教师改变传统的讲授角色，从传授者转变为引导者和协助者。教师设计课程时会集成问题解决、讨论、辩论和项目工作等多种活动，并鼓励学生参与其中。这些活动通常需要学生运用他们已有的知识，并在实践中探索新概念。

交互式教学法强调学生之间的合作学习。教师鼓励学生在小组内交流思想，共同解决问题。这种合作不仅促进了小组成员之间的学习，而且通过社交互动提升了学生的沟通能力和团队合作能力。

在运用交互式教学法的过程中，反馈机制扮演着至关重要的角色。教师的及时反馈可以帮助学生了解自己的学习进展，同时也为教师提供了调整教学策略的信息。同样，学生之间的互评和自我评价也是学习过程的一部分，它们可以促进学生自主学习，提高学生自我反思的能力。

技术的融合是交互式教学中不可或缺的一环。现代技术工具，如互联网、教育软件、响应系统，以及多媒体资源，都被广泛用于激发学生的学习兴趣和参与感。这些工具不仅丰富了教学内容，还拓展了互动的方式和范围。

2. 交互式教学法在日语写作课中的实施

（1）课堂引入环节

在这一环节，教师应设计引人入胜的开场活动，激发学生对日语写作的兴趣。例如，通过展示一段与日本文化相关的视频，引导学生探讨并分享观后感，从而在无形中引入日语写作的背景知识。同时，教师可以简要介绍日语写作的特点和当堂课的学习目标，让学生对课程内容有一个初步的了解。

（2）互动探讨环节

在这一环节，教师应鼓励学生就某一写作主题或问题进行小组讨论。教师在小组间巡回指导，帮助学生梳理思路、纠正错误。此外，教师也可以利用多媒体工具，如网络论坛等，让学生在课堂外继续讨论，以保持学习的连续性。

（3）写作实践环节

在这一环节，学生应根据之前的讨论和教师的指导独立完成一篇日语短文。此时，教师应为学生提供一定的写作框架和提示，帮助他们理顺思路，确保写作内容的逻辑性和连贯性。学生在完成初稿后，可以相互交换，旨在进行同伴评审，从而学习如何批判性地阅读和提供建设性的意见。

（4）反馈和修正环节

在这一环节，教师应点评学生的作文，强调写作中的亮点和需要改进的地方。教师的点评应具体、有建设性，旨在帮助学生认识到自己的不足，并鼓励他们进行自我修正。在这一过程中，教师还可以组织全班讨论，分享优秀的写作实例，让学生相互学习、共同进步。

3. 在日语写作教学中实施交互式教学法的注意事项

（1）教师的角色和作用

"一般来说，在学生学习的过程中，教师给予的指导、监督和启发越多，学生从中获得的经验就越多，就更能明确地意识、指导和调节自己的学习过程。"[1]教师在日语写作课程中应担任指导者和监督者的角色，帮助学生从依赖式写作向自主式写作转变。作为教师，需要掌握如何激发学生的学习动力以及如何提高学

---

① 徐锦芬. 大学外语自主学习理论与实践 [M]. 北京：中国社会科学出版社，2007.

生写作能力的方法。采用灵活多变的教学手段，可以激发学生的写作热情和自我驱动力。例如，教师可以选择合适的课前材料和组织互动活动，指导学生进行写作练习，并提供稳固的课堂支持，帮助学生学到必要的知识和技能；教师也可以根据自己的写作经历来激发学生的写作兴趣，并持续保持他们对写作的热忱。

（2）学生的评价过程

在运用交互式教学法的过程中，教师需要对学生进行持续评估，并采用多样化的方式评价学生的表现和学习情况。作为读者，教师应及时对学生的作文提供具体反馈。此外，教师可以设立一套学习评分系统，以判断学生在执行学习任务时是否达到了既定的目标；评估学生在发现问题和团队合作方面的进步以及是否能够制订清晰的项目完成计划。根据学生的最终表现，教师可以给予从优秀到较差的不同等级评定。

（二）过程教学法

过程教学法最明显的特征就是注重思维训练和能动作用的发挥。行为主义心理学认为一切学习行为都是刺激、反应和强化的过程，因此以此为根据的过程教学法特别强调机械操练的作用。过程教学法可以分为以下七个步骤。

1. 输入阶段

输入阶段包括进行构思的多种活动：自由联想、列提纲、阅读、听取、调查报告等。自由联想是一种写作前十分有效的思维途径，教师可以根据具体的写作要求，让学生集体讨论或个人思考，尽情地自由发挥和联想。在自由联想的基础上，教师可以要求学生口头说出或写下任何与写作主题相关的想法和观点。

输入阶段也是写作之前的准备阶段。教师可以采用提问的方式启发学生根据写作的题材、主题、目的，读者的期望，作者的思想、观点、立场、态度、语气，以及作文的基本结构进行提问。

2. 写初稿

撰写初稿是整理并确立写作内容的一个重要步骤。在经过认真的准备和构思之后，学生方可动笔写下初稿。在这一阶段，学生应当将他们的想法转化为文字，并且要确保写作方向的准确性。教师的任务是监督这一过程，积极与学生互动，安排讨论会，鼓励学生提出问题，并在形成核心观点时提供必要的指导。在写初稿阶段，相比于语法结构和词汇选择，学生应专注于内容的表达；教师应指导学生修改初稿，初稿写作是一个涉及不断思考与创新的过程，学生需要不停地构思、修正，重新构思和再次修正，一直到初稿完成为止。

3. 同学互评

教师可以把学生分为两人或三人一组，让他们根据教师分发的问题对同学的作文进行评价。需要注意的是，这些问题只涉及作文的内容，不涉及作文形式。

4. 写二稿

在写二稿时，学生应重视同学的评价意见，接受同学对初稿的评价，认真审视自己的作文，那些真正需要改进的地方，并进行必要的调整。在调整时，学生应该检查作文的各个方面，包括但不限于主题的明确性、内容的丰富度、段落结构的逻辑性、风格的适用性、句式的准确性、语法的正确性、词汇的适当性、表达的清晰度、内容与写作目标的一致性、引言和结语的恰当性、细节的典型性和逻辑性、以及论点和论据的有效性。

5. 教师批阅

在审阅学生的作文时，教师应针对作文的表述、表达的清晰度及条理性等提供具体指导，并布置相应的实践练习作业。教师应统计学生提交的第二稿作业，并对其进行详尽的评价。在这一过程中教师要细读三次：第一次阅读主要是为了掌握整篇作文的流程和要点，有时还需要教师整理作文大纲；第二次阅读的重点在于评析整篇作文的详细内容，并标注出作文中的亮点、疑点并提出改善方案；在第三次阅读中，教师应指明作文中的语病和不当用语，以帮助学生纠正语法错误。

6. 师生交流

教师和学生进行个别交流，由学生讲述作文的大意，回答教师在评语中提出的问题。在解决内容方面的问题以后，就作文中的语法问题提问。教师针对学生语法中的普遍性错误设计补救课程，讲述相应的语法规则并布置练习作业。

7. 定稿

学生汇总从各方面得到的意见，并重新进行修改以后定稿。学生把成稿和所做的各种笔记、提纲、初稿等交给教师，教师对作文的总体内容及可读性作出评价，同时还要指出成稿较初稿有何进步。

（三）口语训练法

1. 运用口语训练推动日语写作教学的前提

（1）日语写作教学改革的推动

"写"是日语学习中必不可少的基本功，写作课也是本科院校日语专业的必修课之一。在传统的日语写作教学中，教师就某一体裁进行理论讲解，给出一些关键词、中心句和例文，学生根据这些词和句子模仿例文进行写作。这种教学模式限制了学生的思维，阻碍了学生创新性的发展，降低了学生的写作兴趣，久而久之，使课堂变得沉闷和枯燥。因此，日语写作教学改革势在必行。

（2）日语写作课程改革的研究基础比较

关于日语写作课程的改革，很多教师和学者进行了大量的研究，也提出了很好的教学理念和教学方式。王际莘指出口头叙述是抵制母语负迁移的干扰，锻炼日语思维的一种有效方法[1]。王小伟提出化整为零的教学法，在引导学生思考讨论时，让学生先说句子、再说段落、最后说作文[2]。单瑜阳针对学生的常见错误提出阶段式教学法，利用联想图和改编练习激发学生的想象力[3]。王若楠指出要转换思维方式、摆脱母语的束缚、用日语思维才能写出地道的日语作文，因此要求学生对日本文化有深层次的了解[4]。一般来说，日语口语水平与写作水平往往成正比，口语水平较高的学生其写作水平也比较好。因此，通过口语训练能够推动日语写作课程的效率，"从口头表达出发，提升至文字表达"的教学方法有助于激发学生的想象力，进而提高其写作兴趣和水平。

2. 口语训练在日语写作中的教学实践

（1）通过动漫台词丰富日语表达的多样性

在高校日语教学中，动漫台词作为一种生动的教学资源，可以有效地帮助学生提高日语口语能力。动漫作为日本文化的重要组成部分，其语言风格通俗易懂、情感丰富，能够引起学生的兴趣并激发学习动机，同时动漫中的台词往往反映了日常交流中的实际用语，对学生练习和提升日语口语水平有着显著的作用。

动漫台词作为教学内容，其实用性和趣味性可以激发学生学习日语的兴趣。

① 王际莘. 大学日语四级写作课教学法探讨 [J]. 日语学习与研究, 2003（4）: 49-53.
② 王小伟. 高职日语写作课程改革策略研究 [J]. 重庆电子工程职业学院学报, 2009, 18（5）: 135-137.
③ 单瑜阳. 大学日语写作阶段式教学初探 [J]. 湖北广播电视大学学报, 2011, 31（1）: 140.
④ 王若楠. 基础日语写作课程教学改革研究 [J]. 黑龙江教育学院学报, 2012, 31（3）: 183-184.

日语专业的学生通常对动漫文化有一定程度的了解，甚至对某些动漫角色有较强的认同感。因此，在教学过程中，教师可以选取学生熟悉的动漫片段，利用角色的对话来构建教学场景，使学生在模仿中学习到地道的日语表达方式。此外，动漫中往往包括各种情感表达的实际用语和日常对话，教师可以指导学生注意语气、语调的变化，以及非言语信息，如肢体动作、面部表情的配合，帮助学生理解和掌握日语中的语用策略。

动漫台词中包含丰富的语言元素，可用于教授不同语言技能。例如，通过角色的对话，可以教授礼貌用语、方言、俚语等多样化的语言形式，这些都是教科书中难以涵盖的内容。同时，教师可以从动漫台词中选取具有代表性的句型或词汇，设计相关的口语练习活动，如角色扮演、情景对话等，使学生在互动中加深对语言点的理解与记忆。

动漫台词的引入有助于提升课堂互动性。教师可以组织学生分组进行角色扮演，每个学生负责学习一个角色的台词，并在小组内进行表演练习。这种教学方式能够让学生在合作与竞争中提高对日语口语的掌握程度，同时加强团队协作能力和沟通能力。在角色扮演的过程中，学生需要细致地观察角色语言的特点，并尝试模仿，这样不仅能够提高发音的准确性，也能在一定程度上加深对日语语调与节奏的感知。

动漫台词可以作为跨文化交际能力培养的素材。通过分析不同角色的语言行为和社会文化背景，学生可以深入理解日本文化中的价值观、礼仪习惯和社会规范。通过对文化内涵的理解，对学生日后的跨文化交际具有重要意义，有助于他们在实际交流中更加得体地运用日语，避免文化误解。

（2）通过朗诵和即兴演讲提高日语表达的准确性

在众多的教学法中，朗诵和即兴演讲是两种很有效的教学手段，它们能够在不同的层面上提升学生日语表达能力。

朗诵作为一种以声音传达文字意义的艺术形式，对于语言学习具有独特的价值。通过朗诵，学生能够深入感受日语的韵律、节奏和音调，这些都是日语口语中不可或缺的元素。在朗诵过程中，学生需要准确把握每个词汇的发音和停顿，从而提高口语的标准化和规范性。通过反复练习，学生可以加深对日语语音、语调的理解和记忆，使他们在实际交流中能够更准确、自然地使用日语。

即兴演讲作为一种能够提升语言应急反应能力的活动，对于锻炼学生的思维敏捷性和语言组织能力至关重要。在即兴演讲中，学生需要根据给定的主题快速地进行思维整合，并用日语表达自己的观点。这一过程强调了语言使用的即时性和实用性，要求学生能够在有限的时间内准确并流畅地表达自己的观点。因此，即兴演讲不仅可以提高学生的语言反应速度，而且还可以促使学生在实际使用日语时更加注重语言的逻辑性和连贯性。

为了更有效地将朗诵和即兴演讲与日语教学结合起来，教师需要设计合理的教学方案。在朗诵教学中，教师可以选取不同风格和主题的日语文本，如古典文学作品、现代诗歌或新闻报道等，以覆盖更广泛的词汇和句式结构。教学时，应先让学生理解文本的内容和情感，然后指导学生注意发音的准确性、对语调的把控和节奏的变化。此外，教师还应鼓励学生多进行模仿练习，如模仿日本人的语音、语调，以进一步提高语言表达的自然度和准确性。

第二节　跨文化交际视域下日语写作教学策略

一、加大对学生的语言输入力度

能否学会语言取决于接收到的语言是否优质，因此教育工作者的主要职责是为学生提供高质量的语言输入，为他们的语言学习创造良好的环境。大量阅读资料是获得语言输入的重要途径之一。在缺乏充足输入的情况下，产生充分的输出是不可能的。因此，第二语言习得的关键因素在于接触大量可以理解、有趣且与目的语相关的信息。在教师的引导下，学生通过阅读探究词汇的使用范围、语义和语法，培养语感，并将其运用到写作实践中。在这个过程中，他们掌握了用连贯和一致的方式构建结构，使用准确、流畅而又地道的语言传达信息。

记忆朗读是一种接受语言输入的方法。学生可以通过反复背诵一定的例句来增加词汇量和提升语言规则的理解程度，从而培养第二语言思维。同时，教育工作者还需要充分发挥母语优势，采用对比教学法，并对学生进行大量而严格的训练。在进行写作教学时，教育工作者需要及时、准确地解释相似或相反的表达方式，让学生了解母语和目的语之间的差异，以及词汇搭配原则的不同。同时，教育工作者应该充分利用学生母语正迁移的优点，帮助学生积极应对在学习第二语言时遇到的暂时性障碍。

二、重视感情因素，激发学生的学习动机

当学生具备积极的学习动机时，他们的情绪能够得到放松，这有助于促进第二语言习得的进程。因此，教师需要意识到情感因素对日语学习的影响，并认识到学生情感宣泄和情感表达的重要性。当教师进行教学时，需要关注学生的言行举止，一旦观察到学生出现焦虑情绪，教师应该积极帮助学生找到有效的应对策略，以尽可能减少学生在课堂上的焦虑情绪。教师需要建立一个舒适和融洽的外语课堂环境，鼓励学生自由表达，从而激发学生的学习兴趣。教师应鼓励学生循序渐进地进行写作练习，以此提高学生对于日本文化的兴趣，并逐渐激发学生的写作兴趣。

三、鼓励学生进行语言输出

有学者指出"可理解的输入"在习得过程中固然有很大作用，但如果学习者想使第二语言既流利又准确的话，就要"可理解的输出"。因此，教师可以帮助学生通过写日记或感想文等方式逐渐提高他们的语言表达能力，特别是对那些对某些主题感兴趣的学生。学生通过专注于语言输出，可以意识到母语与目的语之间的差异，进而发现自身语言技能的欠缺，从而推动第二语言习得。

四、利用多媒体教学，营造日语环境

在基础日语学习完成后，教师应鼓励学生主动利用电脑等多媒体设备学习更多有关日本文化的内容。同时，教师也应鼓励学生积极参加相关文化活动和体验活动，以便更深入地了解和体验日本文化。教师可以引导学生通过观看日语影视剧与动漫（都市、校园等题材）、学习日语歌曲、收听日语广播，以及阅读日本报纸和文学作品等方式来学习日语，并从中深入了解日本文化。日本影视剧能够呈现出日本社会的多个维度，使学生从中了解到日本社会的方方面面。通过观看日本影视剧，学生不仅能够学习正确的日语表达方式，还能够深入了解日本人的

生活方式和习惯，从而更好地理解日本人的思维方式。因此，无论是欣赏日本影视剧，还是学习日语歌曲，都能够有效地帮助学生理解日本文化，提高日语写作水平。

五、改进教学方法，养成日语思维习惯

日语学生怎样避免母语文化的负迁移，逐渐养成日语思维的习惯，写出比较地道的日语文章呢？

要达到提升日语写作水平的目的，无论是日语教师还是学生都必须认识到一个事实：就像学习游泳一样，练习是提高技能的唯一途径，学生需要不断实践和反复练习。就像要成为一名优秀的作家一样，光有天赋和才气是远远不够的，更关键的是要有强大的毅力和勤奋好学的精神，只有这样才能通过不懈的努力写好日语作文。

日语教师需要不断改进教学方法。在学生写作之前，教师应向学生提供同类文章的日语范例。通过与学生一起讨论这些范例，教师可以帮助他们理解日语文章的写作思路、写作技巧和常用的句型。教师还应帮助学生进行中日文化比较，以便更全面地了解日本文化给日本人的生活、性格、观念、生命意识、语言表达方式等带来的深刻影响。在这一过程中，教师可以帮助学生认识并接受中日文化的差异，并从更广泛的视角接纳异国文化的特色。通过这种方式，学生能够更深刻地认识到中日文化之间的差异，并逐渐消除母语文化对他们了解目的语文化的影响。

第七章 日语教学中跨文化意识和跨文化交际能力的培养

日语教学的最终目的就是要让学生熟练地用日语进行跨文化交际。本章着眼于这一教学目的，对跨文化意识和跨文化交际能力的培养进行了具体的分析，不仅对跨文化意识和跨文化交际能力的基础知识进行了介绍，同时还揭示了跨文化意识和跨文化交际能力的培养策略。

第一节 日语教学中跨文化意识的培养

一、跨文化意识概述

（一）跨文化意识的提出及主要观点

1. 跨文化意识的提出

美国语言学家罗伯特·汉威（Robert Hanvey）于 1979 年提出了"跨文化意识"这一概念，它指的是理解并承认不同的人类群体具备创造独特文化的基本能力。在他的分类中，培养跨文化意识的过程被分为四个阶段：首先，有强烈意愿尊重当地居民的生活方式。其次，必须融入当地社区的生活方式，并赢得他们的认可和信任。再次，我们需要加深对当地文化的了解，并更加深刻地体会当地人的情感。最后，达到完美融入当地文化，建立情感共鸣并改变立场的目的。

能否做到尊重、参与、移情并愿意作出必要的自我改变，以适应居留国文化是获取跨文化意识成败的关键。①

有中国学者认为全球化背景下的跨文化意识主要是指多元文化背景下的文化

---

① 李清源，魏晓红. 中美文化与交际 [M]. 上海：复旦大学出版社，2012.

交际参与者的自觉意识，即对文化多元化的意识和对文化差异的宽容态度，对差异文化成员的理解能力，以及对自身文化价值观念及行为方式的觉察和反省。

为了有效开展跨文化交际，交际双方需要具备跨文化意识和文化适应能力，这是至关重要的前提。而且交际双方必须保持开放的态度，不应局限于自己的文化背景，应积极地识别对方文化。社交互动的参与者必须明确文化的丰富性和多样性，以避免过分依赖文化上的刻板印象或范式，并在避免思维僵化的同时，不会忽视社交情境的特殊性。在全球化的趋势下，交际双方需要超越传统的文化观念，培养跨文化的沟通能力。在进行跨文化交流时，交际双方需要意识到自身文化观念的单一性，并能够灵活转换角色，以适应不同文化中的交际需求。此外，交际双方还需要具备动态的思维和意识，能够在具体语境中判断和识别对方所处的文化模式，理解、尊重、容忍文化的差异。

因为全球化的趋势愈发明显，所以跨文化交际的特点也变得更加动态。要跟上全球化的发展潮流，必须做好以下三个方面的知识和意识储备：理解目的语所代表的文化背景、熟悉交流对象所处的文化环境，以及深化对本土文化的认识。这三个方面相互依存、相互作用。随着交际环境的不断演变，这三个方面也会呈现出动态的变化。事实上，交际过程是不断变化的，而许多环境因素会相互作用，从而对此过程的发展产生影响。实现多元文化的交流需要将交流的焦点放在所涉及的语言文化背景上，参与者需要不断地相互商议，以实现共同期望的交流目标。

2. 跨文化意识的两种观点

在谈到跨文化意识时，西方学者通常存在两种观点：一种是将跨文化意识看成认知能力、看成一种知识；另一种是将跨文化意识看成感情和情绪，甚至将其命名为"跨文化敏锐力"。

（1）认知能力论

持认知观点的西方学者在谈到跨文化交际能力的组成部分时，将知识作为一项重要内容。对于什么是"知识"，西方学者的共识是知识包括信息和理解。

汉威提出了一个极为重要的观点：在跨文化交际中，只是了解文化差异是不行的，还必须理解和接受文化差异，而理解与接受文化差异将会遭遇重重障碍，要准确了解和得体处理文化差异所造成的交际障碍，就必须具备跨文化意识。[①]

---

① 毕继万. 跨文化交际理论研究与应用 [M]. 北京：北京语言大学出版社，2014.

（2）感情情绪论

持感情情绪论观点的西方学者将跨文化交际过程看成情感变化或"跨文化敏锐力"发展的过程，其包括以下几个阶段。

①否认，即否认文化差异的存在。

②防卫，即对抗认知到的威胁，以试着保护自己世界观的核心。

③化小，即试图把差异藏匿在文化相似性下，以保护自己的世界观。

④接受，即开始接受文化与行为上的差异。

⑤适应，即开始发展对文化差异的移情能力，并成为双重文化或多重文化的人。

⑥整合，即深刻认同文化相对主义，而且体验到差异其实是人生快乐的一部分。

这部分学者也强调对文化差异的了解，但注重对文化差异保持开放的心理和行为的弹性，突出移情的重大作用。

（二）跨文化意识培养中的障碍

1. 心理定式与偏见

心理定式（也叫刻板印象）与偏见和文化一样存在于人们的意识之中，想要真正克服是比较困难的。心理定式与偏见的存在根源在于我们对"内""外"加以区分的冲动。在大多数情况下，心理定式与偏见的界限并不十分明显，心理定式会导致偏见，而偏见往往与心理定式有关。

（1）心理定式

早在 1922 年，就有学者提出了心理定式的概念并将其解释为："一种将人们心中对他民族的印象进行简单分类并固定下来的手段，这种分类被用于代表整个民族的属性"。也就是说，即使我们没有直接接触过某一文化，我们仍有可能对其抱有偏见或固定的印象。心理定式是一种针对个人或群体某些特定特征形成的信念框架。它是一把"双刃剑"，既具有正面效应，也可能潜藏负面影响。通常情况下，我们将其作为贬义词来使用。

心理定式会妨碍我们与具有不同文化背景的人相处，不利于顺利开展跨文化交际。首先，心理定式想当然地认为一个群体的所有成员都具有相同的特性，从而抹杀了个体差异；其次，心理定式过于简单、概括甚至夸张，因为这些定式往往基于半真半假、歪曲乃至错误的信息；最后，心理定式妨碍跨文化交际是因为它往往会重复和强化交际者对他民族或文化的刻板印象，直至成为所谓的"事实"。

（2）偏见

有心理学家明确阐述了偏见的破坏性影响以及它与心理定式的关系："偏见对他民族（他文化）持一种不公平的、有倾向性的或者不容忍的态度。"[①]在人际交往和跨文化背景下，偏见往往表现出不同程度的敌意。这种敌意涉及基于自身所处地位而对他民族或他文化表现出的负面情感、观念、行为倾向或者歧视性行为。在跨文化交际中，偏见往往使遭遇歧视的对象处于不利地位，这种不利并非因为这个人的品行有问题，而是由偏见者的错误判断所致。

2. 民族中心主义

民族中心主义指的是以自己族群的文化观念和标准为基准来评判其他族群文化的一切方面，如行为举止、交际方式、社会习俗、管理模式和价值观念。目前，大部分人在了解其他文化时，通常会无意识地以自己的价值观为准，并常常对与自己文化不同的事物进行价值判断。一些学者认为，民族中心主义对于任何人来说都是难以完全避免的。尽管我们会努力克服自己的民族中心主义，但我们每个人都生活在一定的文化背景下，文化影响已深入我们的内心，指导我们的行为和思想，并且我们无法完全摆脱社会化过程中学习到的观念和看法。改变这种情况几乎是不可能的。

3. 文化休克

（1）文化休克的含义

"休克"一词源自生理学的概念，指的是由于有效的循环血量急剧下降，组织的血液灌流严重不足，导致各重要生命器官的功能、代谢障碍和结构损害。文化休克又称文化震惊，是指生活在某一种文化环境中的人初次进入另一种文化环境时所产生的思想混乱与心理上的精神紧张综合征。

"文化休克"的概念是由美国著名人类学家卡尔韦罗·奥博格（Kalvero Oberg）借鉴生理学的概念于1958年首先提出的。他观察到很多脱离母语文化的

---

① 李清源，魏晓红. 中美文化与交际 [M]. 上海：复旦大学出版社，2012.

人来到一种新的文化环境时常常会在心理上出现一段时间的不适反应，如抑郁、疑惑、暴躁，甚至恐惧、自闭等。因此，他将"文化休克"的概念界定为"由于失去了自己熟悉的社会交往信号或符号，对新环境下的社会符号不熟悉，而在心理上产生的深度焦虑症"①。

文化休克是一种心理反应，它是由于个人置身于一个陌生的文化环境而引起的。换句话说，当一个人迁移到另一个地方时，原本熟悉的生活方式、社交规则、社交关系等都会被一套新的生活方式、社交规则、社会关系等所替代。这种改变可能使人焦虑、不安甚至情绪低落。在极端情况下，可能引发多种心理和生理问题，甚至可能患上精神疾病或存在自杀倾向。

（2）产生文化休克的原因

从某种程度上说，产生文化休克并不是一件特别让人惊奇的事情。作为一个成年人，经过多年的学习，已了解了如何融入社会并为社会所用的方式。一旦身处一种全新的文化中，需要在较短的时间内完成过去多年才能完成的学习任务，并且需要学习的内容可能会与文化习惯产生冲突，而要想避免冲突是非常困难的，因此文化休克现象普遍存在。

①地理因素。生活在不同地方的人有着不同的意识，因为他们拥有不同的价值观、人格和血统。当人们来到一个新的地方，他们或多或少都会遭遇文化休克。我们必须承认自然的地理环境是影响各国人民价值观的主要因素。

②群体取向和个人取向因素。西方社会学家倾向于把个人摆在首位，而亚洲许多社会学家特别是中国和日本的社会学家则把集体放在首位。

③时间取向因素。可以说时间观念是一个国家认识过去和现在重要性的哲学。怎样控制时间反映了一个国家的价值观。如果我们能很好地理解这一点，我们就能清楚地了解当地的风俗。

（3）克服文化休克的方法

①口头交流。在跨文化交际过程中，最重要的是要了解别人说什么。我们必须承认语言文字对于人类来说是必不可少的。因为语言文字能反映其居住国家的文化观念，如一个公司的代表或代理人在与别国的雇员或顾客交流时必须懂得他们的语言。其实，在真实意义上，一种语言可以定义一种文化。

---

① 李建军，李贵苍.跨文化交际 [M].武汉：武汉大学出版社，2011.

②非语言信息。研究表明，非语言交流传递的信息比语言本身更为丰富。当我们进行交流时，我们会发现非语言信息比起语言信息更具有影响力。要在跨文化交流中取得成功，需要掌握非语言沟通技巧，这其中包括如何运用身体语言。

③学习外国的习俗和礼节。一个人如果能懂得并运用不同的礼仪知识，就能够更容易地与交际对象打成一片，使他们倍感亲切，感受到对他们的熟悉、理解和尊重，并使他们乐于接纳和接近这个人。不同国家的风俗习惯和社交礼仪不同，学习并掌握这些习俗和礼节有助于融入异国文化的生活圈。

二、日语教学中跨文化意识的培养策略

（一）以文化教学为依托，培养学生的跨文化意识

1.引导学生比较中日文化差异

跨越不同文化之间的交流已经成了各民族在日常生活中所面临的新挑战。尽管我们都在努力学习异国语言，但在实际交流中仍然遭遇了许多挑战和困难。众所周知，语言是文化的重要媒介，是文化表现的主要方式之一。即使掌握了对象国语言的词汇和语法，如果我们不了解该国文化，交流也可能会遇到困难。因为不同民族之间的文化差异较大，所以跨文化交际会遇到许多困难。克服这些困难是外语教学中需要解决的重要问题。举例来说，在日常生活中表达"自己帮对方拿某物"的意思时，中国人一般会说"我帮你拿"或者"我帮您拿"，只是用人称代词的变化来表示对对方的尊敬。如果让学习日语的中国学生翻译"我帮您拿"，大多数学生会译为"私がもってあげます"。从语法上来看，这句话完全正确，但是在实际生活中日本人一般不这样表达，而是说"お持ちしましょう"。这两种说法都可以表达出"我帮您拿"的意思，但是听者的感受完全不同。二者之间的差异在于"私がもってあげます"含有向对方施恩的意思，不符合日本人的表达习惯。而"お持ちします"则是一种自谦的表达，符合日本人委婉、含蓄、尊重他人的表达习惯。如果按照中国学生的说法，虽然文字上没有错误，也出力帮对方做了事情，但是表达方式所含的那种以施恩者自居的意思，会让对方感觉十分不舒服。同一种意思，由于表达方式不同，所显示出的效果也不同。这种语言表达上的差异来源于民族文化的不同。要避免这种问题的发生，就需要在教授

外语的同时融入文化内容，把语言教学和文化教学有机地结合起来，让学生学到结合了文化内容的立体性知识。

2. 增加文化背景知识的导入

除了传授一门语言，日语教学还涉及在跨文化交流中处理文化差异和实现文化融合的问题。在日语学习中，我们注重文化教育，旨在培养学生的跨文化意识，进而提高学生在跨文化交流方面的能力。

在进行日语教学时，只有将文化教育融入其中，才能形成全面的教学流程。我们的目标是增强学生跨越不同文化的交际能力，因此需要致力于发展他们的跨文化意识。"跨文化交际"指的是人们跨越语言和文化背景进行的交流，可以是本族语者和非本族语者之间的交流，也可以是任何在语言和文化方面存在差异的人们之间的交流。

在日语教学中，我们遵循递进、逐步深入、从表面到本质的原则，帮助学生逐渐掌握跨文化知识并运用于实践。日语教学中，教师既要传授准确的词汇和语法知识，还要教导学生关注"和"文化在日本民族中的重要性，强调"和为贵"的价值观，以表达对他人的尊重。在日本，人们通常更倾向于使用委婉、含蓄的语言方式来与他人进行交流。委婉、含蓄的表达方式是一种广泛应用的修辞技巧，其他语言很少能像日语这样广泛地运用这种表达方式。在谈话中采用推测句、疑问句代替断定句就是日语常用的表达方式之一。例如，それから、娘はいろいろと申し込みもあることだから、必ず中村にやると決めるわけにもいかんが、段々聞いてみると、学問も人物も悪くないようだから、もし当人が勉強して、近いうちに博士にでもなったら或いはもらうことができるようになるかもしれんぐらい、それとなく、ほのめかしてもかまわん。这段话的实际内容只是"你告诉他，他如果拿到博士学位，我就把女儿嫁给他"。其语言极其委婉，丝毫没有表达出断定的意思。

语言和文化有着紧密的联系。若不了解所学语言国家的社会、文化、传统、风俗等，则难以实现对该语言的准确理解和深入掌握。如果在日语教学中过于强调语法和结构，并且在课堂上把大部分时间用在讲解词汇和语法上，而忽视了词汇的内涵和社会文化，那么即使学生的语言基础知识再好，也不一定具备良好的社交能力。

正如美国语言学家萨丕尔（Sapir）在《语言论》（*Language*）一书中指出的那样："语言有一个环境。它不能脱离文化而存在。不能脱离社会继承下来的传统和信念。"文化与语言是不可分割的，因为我们生活在社会文化的环境中，所以我们的行为和语言交际方式都会受到社会文化的影响和制约。如果我们能更深入地、细致入微地了解所学语言国家的文化，就能更好地掌握和运用这种语言。

（二）在听说理解中培养跨文化意识

外语教学的最终目的是培养学生的跨文化交际能力，为实现这一个目的必须为学生打好语言交际的基础，包括语言知识和技能。然而，仅凭语言技能，学生未必具备跨越文化边界进行交流的能力。学生需要利用已有的语言知识，同时结合先前了解到的文化信息，对接收到的信息进行重新解释和复构，这样才能够准确地理解信息，作出恰当的回应。通过听说理解，学生可以了解不同文化和语言的表达方式，提高自身的语言水平和交际能力。

1. 巩固基础知识，培养跨文化交际自信心

要提高听说理解的效果，就需要建立扎实的日语基础。要想说一口流利的日语，学生需要先精通标准的日语发音和语调。初学者可以通过跟读来训练自己的语音、语调、语速和节奏感，这是一种实用有效的训练方法。另外，缺乏词汇量必然会影响到听、说和理解能力。因此，初学者需积极积累词汇，并在扩展词汇量的过程中，注意词汇的变化形式、具体使用场景和相关的文化背景知识。

跨文化交际的影响因素包括交际心理障碍，如担心犯错、自我贬低和文化偏见等，这些心理障碍都会干扰交流的准确性和有效性。因此，在日语听说教学中，要注重培养学生的文化意识，激发其对日语学习的热情，正确看待中日两国之间的文化差异。在学习日语的过程中，需要正确对待母语文化的负面影响，意识到这种影响是一种常见的现象。随着学习的深入，这种影响也会逐渐减少。

2. 通过对比培养跨文化意识

在听说训练中，比较法也是一种至关重要的技巧。在开始口语训练之前，可以通过事先学习重点词汇和比较中日文化的异同，为学习打好基础。例如，如果文本的主题是"体育运动"，就可以借助"备受瞩目的运动项目""日本在该领域的地位""高中棒球锦标赛"等关键字，来深入探究具有代表性的日本体育运动

及其在基础教育中的推广现状，以及其对日本人的行为方式所产生的影响。

（三）改进现有的教学方法

长期以来，日语教学过于注重教授语言基础知识，未能充分重视跨文化意识和跨文化交际能力的培养。要改变这种情况，教师需要优化教学策略，从质量和数量两个方面对日语教学进行调整，并在教学过程中充分利用现代化的教学工具激发学生的学习热情。

需要注意的是，在修正教学方法时，所使用的教材必须与学生已掌握的语言知识紧密联系，并且与语言实践紧密结合。学校和教师应该从多个角度考虑课堂教学内容，以构建一种富有理性和适宜性的跨文化教学体系。通过采用多种教学方法来培养学生的跨文化素质和跨文化交际能力。同时，教师应加强对课程所涉及的文化知识的介绍，让学生从多个维度认识所学语言国家的文化内涵。教师应该具备高度的文化意识，并且积极提升自身文化素养，以不断丰富和改进教学内容。教师在讲解语言知识时，可以适时地添加更多的文化知识，以便更好地加深学生对教师文化知识的认知和理解。同时，教师也应该通过创造合适的语言环境来实现语言和文化的和谐统一。教师应鼓励学生阅读优秀的日本文学作品，使学生更深入地了解日本文化，从而提高学生的跨文化交际能力。

第二节　日语教学中跨文化交际能力的培养

一、跨文化交际能力概述

（一）跨文化交际能力的定义

1. 交际能力

"交际能力"这一概念最初来源于社会学，后来延伸到语言学。美国学者戴尔·海姆斯（Dell Hymes）在《论交际能力》中首次提出了"交际能力"的概念。海姆斯在提出这一概念时侧重语言的得体性，也就是在使用语言的时候应该更注意符合具体社会环境的要求，即时间、地点、交际对象、内容和谈话方式等。他认为交际能力应包含 4 个方面的内容。

①语法的正确性，即语言形式要正确。

②语言的可行性，即交际对象在心理上的接受度。

③语言的得体性，即交谈时要根据具体环境和对象选择得体的语言。

④语言的现实性，即语言实现其交际功能并产生相应的影响。

随着"交际能力"概念的提出，语言学家对交际能力发表了各自不同的看法。有学者认为交际能力包括语言能力、社会语言能力、篇章能力和交际策略四个方面。这个观点已经被大多数业界人士认可。也有学者认为交际能力所涵盖的范围应该更大、更全面，并认为外语交际能力应该包括语言能力、社会语言能力、篇章能力、交际策略、社会文化能力、社会能力。两种观点的不同之处在于后一种观点增加了社会能力和文化能力。这两项能力正是交际能力研究的精彩之处——它道出了交际能力的本质。

随着心理学的发展，莱尔 F. 巴克曼（Lyle F. Bachman）将交际能力重新划分为语言能力、策略能力和生理心理机制三个部分。语言能力包括组织能力和语用能力两部分。策略能力是运用语言知识的心理能力，是语言能力与现实世界沟通的桥梁。生理心理机制是语言交际能力的生理心理基础，是语言交际能力赖以存在和发展的前提。[①] 显然，巴克曼和帕尔默的理论把前人关于交际能力的理论往前推进了一步。

2. 跨文化交际能力的界定

跨文化交际能力是指跨文化交际环境中的交际能力，指具有不同文化背景的人之间进行交际时具有的强烈的跨文化意识，善于识别文化差异，排除文化干扰，成功进行交际的能力。它包括语言交际能力、非语言交际能力、语言规则和交际规则的转化能力及文化适应能力。

基本交际能力系统主要是强调交际个体为达到有效交际所应掌握的能力，包括语言能力、文化能力、交往能力和认知能力。在情感和关系能力系统中，移情是一个很重要的能力，它是指设身处地地以别人的文化准则为标准来解释和评价别人行为的能力。情节能力系统是指在交际过程中，交际双方根据实际交际场景不断调节交际行为的能力。策略能力系统包括语码转换策略、近似语策略、合作策略和非言语策略等。

---

① 郭姗姗. 文化"走出去"背景下的大学生跨文化交际能力培养研究 [M]. 北京：北京工业大学出版社，2018.

与母语交际不同，外语交际的双方往往存在着文化差异。为此，把外语水平定义为"跨文化交际能力"更具有针对性，因为这一概念包括了处理文化差异的能力。

跨文化交际能力是一个新概念，关于它的界定仍在不断讨论中，有学者提出它应由态度、知识与技能三个要素构成。

（1）态度

跨文化交际能力中所包含的"态度"，主要是指对交际对象不同于自我的观念、价值观与行为的看法和表现。为达到互相沟通的目的，交际者需要对交际对象的社会文化持有好奇与开放的心态，有意识地发现其文化的特征，并主动通过与交际对象的接触加深对其社会文化的认识。

（2）知识

交际场合需要的社会文化知识包括两方面：一是本人与交际对象的国家或民族的社会文化知识；二是在交际过程中如何根据实际需要恰如其分地运用已学的社会文化准则控制交际进程的知识。陈光磊把教学中应导入的文化内容概括为语义文化和语用文化。

语义文化指语义系统中所包含的文化内容和所体现的文化精神，日语教学中应注意的语义文化内容大致包括以下五项。

第一，一个民族文化中特有的事物与特有的概念在词汇及语义上的呈现。

第二，不同语言中指称意义或语面意义相同的词语在文化上可能有不同的内涵。

第三，词语在文化含义上的不等值性。

第四，不同文化对同一对象所做的概念划分的差异在词汇及语义上的显示。

第五，体现一定文化内容的定型的习惯用语结构比较固定，一般不宜拆开或替换。

语用文化指语言使用的文化规则，即把语言同社会情景和人际关系联系起来所应遵循的规则。从外语教学的角度看，可以包括下列几方面的内容：称呼、招呼和问候、道谢、敬语和谦辞、告别语、褒奖和辞让、忌讳和委婉等。

（3）技能

学习者需要掌握的社会文化技能包括两种：第一种技能是在接收信息以后，

根据已掌握的社会文化知识对信息进行分析，以达到理解与说明的目的；第二种技能是在此基础上发现新信息，并将它们连同第一种技能处理的（已理解的）信息一起供交际使用。这两种技能的结合使已掌握的社会文化知识得以运用到实际的交际中。

社会文化技能的一个特点是它虽然能通过课堂教学或自学等不同的途径获得，但先决条件是它们都必须经过有意识的学习与反复练习才能掌握，而不能无意识地习得。

社会文化技能的另一个特点是它必须在交际的过程中获得。从表面上看，有时社会文化技能的获得似乎不需要经过面对面的交际，如通过阅读也可以理解有关社会文化的信息。然而，阅读本身也是作者与读者的交际，只不过是一种无声的交流罢了。而且，如果要熟练掌握通过阅读理解获得的信息，一般还需要在实际的交际中多次运用才可以。

态度、知识和技能是学习外国社会文化的三个要素，它们之间相辅相成、密不可分。如果我们不积极对待所学语言的社会文化，那么就很难有效地掌握相应的知识与技能。换句话说，态度是学习的前提条件，学习技能所需的条件是态度和知识。此外，掌握了技能后，也能够促使态度朝着更加积极的方向发展，并且可以巩固学到的知识。知识和技能是密不可分的，因为掌握信息的技能需要有相应的知识作为基础。

（二）跨文化交际能力的核心内容——文化移情

1. 文化移情在跨文化交际中的价值

作为一门关注有效文化交流和沟通的重要学科，跨文化交际学着重研究文化移情和文化移情能力等问题。如果我们没有意识到自己所处的文化背景对思维方法产生的影响，或者不能超越自己的主观经验，以客观公正的态度来理解他人，那么我们可能会受到文化定式的束缚，难以摆脱认知的相似性限制，从而造成文化冲突。要想避免这种情况，我们需要进行有效的文化移情，允许多元文化相互交流、借鉴、融合，从而达到多元和谐共存的理想状态。

在进行跨文化交流时，由于文化、价值观念、宗教信仰、道德准则、思维模式、生活方式等方面的不同，不同文化背景的参与者可能在信息编码和解码、语言和非语言行为、语言使用规则以及语篇组织结构等方面表现出种种差异。如果不能充分意识到文化差异带来的影响，在跨文化交流中可能会产生误解、偏见、冲突等问题。因此，提高文化移情能力是很有必要的。

文化之间存在差异是客观现实，这种现象也很普遍。正是由于各种文化之间的多变性和不同性，文化的繁荣和活力才会得以体现，并使各式各样的文化能在发展过程中焕发生机和活力。不同文化之间的竞争可以激发人们学习异质文化中的热情、激发人们的创意、促进文化的创新。因此，如果没有文化的多样性和差异性，文化将会变得平淡无味，并且人们不会意识到提高自己的理解力和欣赏不同文化的能力的重要性。

全球化导致了更加多元和独特的人类文化。随着交通和通信等技术的不断进步，人与人之间的距离变得越来越小。这种趋势已经促进了个人层面上的全球化发展，使得个人的生活跨越了本来的地域限制，具有了跨国的特征。"一人多地制"和"一人多时制"的现象会越来越普遍。只有融合多元文化，摆脱本土文化的束缚，通过自我反思接纳其他文化，人们才能具备多元文化素养，与不同文化背景的人和平相处，并适应社会进步的需要。在大学日语教学中，教师应着重强调文化共鸣，帮助学生掌握文化共鸣的技巧和方法，这有助于提高他们的日语综合应用能力，并在跨文化交流中避免因文化差异而产生的矛盾，为促进双方的顺畅沟通提供有力的途径。

移情概念虽然已经从美学领域扩大到了认知心理学和跨文化交际学等多个领域，但是对于这一复杂现象的探讨至今仍是众说纷纭、见仁见智。正如汤姆·布鲁诺（Tom Bruno）所说："移情的概念和过程是深刻的、复杂的。从以往的研究总结出来的观点不胜枚举。移情远远不是一个简单的变数或因数。总结以前的研究，讨论移情过程所具有的潜在的作用和功能是很有必要的。"[①]

布鲁诺认为文化移情包含两个方面：第一个方面是情感的基础，人需要正视自己的积极情感，并能够以积极的方式掌控它们，避免对他人采取主观和固化的态度。第二个方面是有关认知的，它涉及移情能力的两个方面：一个是理解他人的思维方式、逻辑和意图，同时区分自我和他人的思考方式；另一个是运用批判性思维和表达技巧来进行解释。移情可分为五个主题，第一个主题是客观化移情；

---

① 高永晨.文化全球化态势下的跨文化交际研究 [M].南京：东南大学出版社，2006：232-233.

第二个主题是对他人情感的共鸣体验；第三个主题是移情在角色扮演中发挥的作用；第四个主题是作为认知中的一种选项或步骤排序；第五个主题是移情作为一种心理模式存在。移情的定义需要从两个不同的角度进行考虑，即知觉技能和交际技能。移情的实践需要同时具备识别和理解他人的情感和情绪状态，以及对他们的情感和情绪作出适当的反应和回应，两个方面缺一不可。笔者认为文化移情是跨文化交际的关键，在这个过程中，人们需要通过一种有意识的心理体验、感情位移和认知转换，去超越自己的语言文化限制，理解并适应另一种文化模式，以有效地进行交流。也就是说，文化移情是一种心理倾向，它可以帮助我们跨越文化差异，真正地理解别人。因此，为了进行文化移情，那些在本土文化环境中成长的人需要尽可能地抛开自身文化的影响，用异族文化的思维方式来进行思考。这样做可以帮助他们在不同的文化之间建立联系并找到共同点，从而实现文化之间的交流和转换。跨文化交际实质上是涉及文化移情的过程，其中跨文化交际能力的最显著特点在于能够有效地进行文化移情。探究情感在不同文化间的传递机制，可以更好地理解跨文化交流的基本规则。

2. 文化移情与跨文化交际能力

在跨越不同文化的交流以及大学日语教学过程中，跨文化交际能力已经越来越不可或缺。在跨文化交际中，跨文化交际能力是非常重要的组成部分，了解并充分利用它可以有效地识别和缩小不同文化间的差异，避免文化误解带来的冲突，这直接影响交际的质量，进而决定交际效果和进程。在大学日语教学方面，注重培养学生的文化适应能力和多元文化交流能力是至关重要的。

跨文化交际能力是一种集成多重要素的能力，其独特之处在于其所包含的内容丰富、构成要素复杂而多样。跨文化交际能力包括七个要素，一是展现出尊重和积极的态度来与对方交流；二是以描述性、客观性的评价和判断为基础；三是能够尽可能深入地了解他人的个性；四是具备情感移入能力；五是在面对不同情境时具备灵活的应变能力；六是能够与他人相互交流的交际能力；七是具备能够容忍新情况和模糊不清的情况，并能够从容不迫地作出反应的能力。文化移情能力是跨文化交流能力系统中最重要的能力之一，其对于交流的成功起着至关重要的作用。文化移情能力对跨文化交际具有非常关键的作用。这种能力在整个跨文化交际能力系统中具有重要的地位和作用。换句话说，如果一个人的文化适应能力不强，那么他的其他交际能力就难以发挥积极作用。

在跨文化交流中，我们容易产生对其他文化的偏见和认知偏差，如以本民族文化为中心、轻视其他文化的民族中心主义，以及过于强调部落归属感等部落主义思想。这些偏见是无形的心理障碍，会影响不同文化之间的沟通。人们要想在不同文化间进行有效的交流和沟通，就必须提升自己的跨文化交际能力，以打破这种障碍。这也意味着必须更好地理解和应对文化差异。英国著名学者培根指出，种族中心主义阻碍了知识的获取，成为我们面临的主要障碍之一。根据他的观点，为了获得科学知识，需要消除那些妨碍科学知识发展的错误想法和偏见。培根将所有这些想法和偏见归纳为四类偶像：第一类是"种族偶像"，指的是人们只从他们所属的种族立场出发看待问题，从而无法达到客观和科学的认知。第二类是"洞穴偶像"，指的是个人基于经历、文化、宗教和社会背景等因素所形成的偏见。第三类是"市场偶像"指的是人们因为受到流行观念的影响，使用不当或不准确的语言和词汇而导致的错误。第四类是"戏剧偶像"，指的是人们盲目追随权威和教义，导致产生偏见的现象。培根提出的这 4 类偶像，在我们的现实生活中是普遍存在的，如民族文化中心主义和文化部落主义，可以被视为培根所述的偶像之一。人们一般都处于自己民族所处的特定时空中，人们的生活方式、思维方式、情感方式和交际方式都会深受本民族文化的影响。因此，无论我们喜欢与否，各种偶像都是不可避免且真实存在的，这在跨文化交流中形成了无形的障碍。只有跨越文化的情感交流才能真正地战胜这 4 类偶像。这不仅可以帮助我们客观、公正地认识事物，而且可以建立起跨越文化差异的桥梁，促进双方顺畅地交流和沟通。跨越文化边界的交流和沟通，可以增强人们对不同文化的理解和共情能力，减少因不同文化背景所产生的不适感和隔阂，同时也有助于消除因文化差异引起的误解和困惑。我们经常会遇到文化差异所带来的沟通障碍，这会影响跨文化交际。有学者指出，沟通是一个彼此相互影响的循环过程，它由信息的发出者、接收者和信息本身组成。在人际交流中，信息可以由单个个体或群体作为发出者或接收者。传递信息可以借助于信号或媒介，这些信号或媒介可以是语言性的，也可以是非语言性的。当信息的发出者和接收者分别具有不同的文化背景时，文化差异就会产生。为了确保信息的有效性和准确性，需要进行适当的文化转换。最显著的文化差异体现在人们的价值观念上。跨文化交际行为的核心内容是文化价值观，这些价值观主要是个人或群体通过文化交际构成的模式。文化中的成员，通过价值观能够认知好与坏、正与邪、真与假、积极与消极，这为人们的行为准则划定了规范，形成了一套习得的准则系统，在个人作出选择和解决冲突时发挥了重要作用。人们的信仰、态度和行动是由其价值观塑造的。当具有不同文化背景的人以各自的价值观为基础互相交流时，文化差异便会显露出来。在不同文化之间进行交流时，人们必须通过理解和共情，才能准确地回应他人的情感和情绪状态。这表示需要建立情感上的互动，让自己能够融入他人所处的情境，深刻理解他人的情感。这种能力需要推己及人，站在他人的角度考虑问题，以顺畅的方式进行交流和沟通。

二、日语教学中跨文化交际能力的培养策略

（一）促进学生文化多元主义思想的发展

要推动文化多元主义思想的发展，关键是具备以下几种态度：对不同文化持积极态度、具备宽容与开明的品质、能够移情他人的文化和背景、尊重他人的差文化习俗、具备敏锐的洞察力、能够从多个视角看待问题。因此，培养日语专业学生的跨文化交际能力，可以从以下几个方面着手。

1. 引导学生积极了解日本文化并加强其对自我价值的认识

对于日语专业大学生来说，大多数学生对日本文化的了解较粗浅，也少有与日本人交往的机会。因此，应当在跨文化交际发生之前跨文化交际发生之时引导学生了解中国文化和日本文化的共同点和不同点。这样做可以在一定程度上提高跨文化交际能力，形成一种有益的跨文化交际环境，促进跨文化交际的良性循环。在这个过程中，即使出现文化差异或令人困惑的情况，交际双方也能遵从与人为善的原则共同找到解决办法。

如果一个人对自身价值认识不足，甚至感到自卑，那么他也很难积极地了解其他文化。因为一个人连对自己都认识不足，自然不能理解与自己存在差异的他人，不能主动地了解他人的思维方式和规范。

民族中心主义思想的另一个极端是文化自卑感，而这种自卑感是不利于文化多元主义思想形成的。一些专家指出，如果一个人对自身价值认识不足，那么他

也很难积极地了解其他文化。例如，在不少日语专业学生中存在着这样的现象，即他们对其他国家极端崇拜，对中国文化妄自菲薄，这种现象被称为逆向民族中心主义思想，这种思想严重妨碍了学生的跨文化交际能力的发展。只有学生充分认识自我价值，才更容易向来自其他文化的人开放自己。相反，如果过于自卑，就会在跨文化交际中变得被动或反应过度敏感。

跨文化交际能力不是独立于人们个性之外的一种附加能力，而是个性的有机组成部分。因此，要培养学生的跨文化交际能力，就应当促进学生个性的发展，引导他们积极地看待自我，并帮助他们实现自我价值。只有在充分认识并能不断实现自我价值的基础上，学生才更容易向来自其他文化的人开放自己。因此，在教学过程中，教师应当充分尊重学生的个性，应当给学生留有发展和展示其个性的空间，鼓励学生提出独立的见解，帮助学生充分发挥各自的优势，培养他们的独立人格，促使其不断实现自我价值。

大学教育应注重人文性和教育性，应将人才培养置于素质教育框架之中，使大学生作为一个人的整体素质得到最大限度的提高，同时个性得到充分发挥。

2. 鼓励学生勇于探索中国文化与日本文化

如果学生对其他文化有着强烈的兴趣，那么他们更能够从他人的角度出发去理解其他文化成员，这能够促进跨文化的情感交流。为了提高日语专业学生的跨文化交际能力，需要培养他们开放好奇、勇于探索的精神，应该鼓励学生把接触陌生的环境和新事物视为拓宽视野、发展个性的机会，而非威胁和危险。

探新求异在中国的教育过程中一直受到忽视，很多大学生可能是考试"高手"，但大多怯于探索新事物。要培养日语专业学生的跨文化交际能力，很重要的一点就是要培养学生对中国文化和日语文化的兴趣。

在日语教学中，教师应当向学生介绍中日文化之间的主要区别，以帮助学生为跨文化交流做好充分准备。同时，教师也需要让学生了解到，在其他国家的文化中，也存在许多与中国文化相近或相似的元素。例如，很多文化都具有相似的价值观，只是这些价值观在不同的文化中所处的地位有所差异，同时也以不同的形式展现出来。

在日语教学过程中，应注重运用丰富多彩的媒体形式展现日语文化，以激发学生的兴趣，并使其全面感知该文化。这有助于激发学生对文化的探索热情，培养其跨文化宽容度和移情能力，同时还能提高学生对跨文化的敏感性。

3. 培养学生多视角看待问题的能力

一般情况下，人们过于偏向自己所处的文化背景，认为自己的思考方式、行为方式和价值观普适于所有人，这是导致文化之间产生误解和冲突的重要原因。因此，当我们培养学生的跨文化交际能力时，应该帮助他们意识到潜在的民族中心主义思想，并通过教育和实践逐步消除这种思想。

理解他人基于自我理解，教师可以帮助学生批判性地审视自己的思维方式、行为方式和价值观，使学生认识到每一个人都是受到自身文化背景的影响的。教师可以引导学生对潜移默化形成的价值观和参考框架进行反思和质疑，这种自我反思能减少或消除民族中心主义思想。教师有必要引导学生分析文化对自我的影响，培养文化省思能力，如分析自己在何种程度上受家庭、所属集体、教育、社会、价值观、宗教、传统等的影响。通过自我分析，学生能够认识到民族中心主义思想的存在，并在一定程度上加以克服，从而不以本民族文化的角度看待另一种文化。

教师可以帮助学生批判性地审视自己惯常的思维方式、行为方式和价值观。这种审视最好在有参照的情况下进行，因此可以帮助学生比较来自不同地域的学生身上的不同的文化烙印。与其他地域学生的交流，可以增强学生的移情能力和多视角看待问题的能力，培养学生在与人交际中的敏察力，克服自我中心主义观念，进而消除民族中心主义思想。

一般来说，只要没有离开自己熟知的文化环境，人们是很难意识到民族中心主义思想的存在的，因此应当鼓励学生到新的、陌生的文化环境中去，鼓励他们接触和认识不同的文化世界。中国是一个多民族、多文化的国家，教师可以鼓励学生利用假期到民族地区了解当地的文化，也可以建议学生到与自己熟悉的生活环境完全不同的地方考察和体会不同的生活，如来自城市的学生与来自农村的学生各自到对方的家庭生活一段时间。学生可以将他们的体验记录下来，互相分享。

一般来说，与来自其他国家或地区的同学进行跨文化交流是非常有益的，这可以帮助学生克服民族中心主义思想，并培养多元化的思考方式。对于学习日语的中国学生来说，与日本人进行跨文化交流是一种非常宝贵的经历。

这种经历可以帮助学生认识到不同的生活方式具备其独特的背景和价值，并引导他们重新思考所谓"标准"的合理性。这样做不仅可以让学生认识到自己的生活方式和价值观并非是唯一正确的，还可以培养他们的宽容心和以更全面的角度看待问题的能力。

尽量了解不同国家或地区的成员对中国文化的看法有利于克服民族中心主义思想。教师要启发学生多视角地看待中国文化，从而促进其文化多元主义思想的形成和发展。

胡文仲和高一虹指出，"学习一门外语，就意味着学习它所构筑的一整套文化世界；掌握一门外语，就意味着获得一种新的对世界的看法"①。在对日语文化特别是该文化中所使用的言语表达的理解方面，教师应当培养学生不用中国文化的思维理解日语文化的交际方式。应使学生学会在跨文化交际的同时，也跨出中国文化的思维定式，从更新、更高的角度甚至多维度理解其他文化的人和他们的言语表达。这种方式，不仅不会使人丧失对中国文化的认同感，而且会加深和改善对母文化、对他人、对外界的认识。

在培养日语专业学生跨文化交际能力的过程中，教师要培养他们从新的视角，即从超越中国文化和日语文化的跨文化视角，用第三只眼睛审视日语文化。这里所指的第三只眼睛是介于中国文化和日语文化之间的、独立的第三认知点。

在日语教学中，教师应当引导学生拓展跨文化视野，从了解和理解中国文化、日本文化，到对更多的文化有所了解和研究，以形成国际化的视野，具备对多元文化的敏感性，提高跨文化实践能力。

以上的建议可以为培养学生的文化多元主义思想打下很好的基础。这样，随着日语学习的不断进步，会对日本文化有更多更深入的了解，也会积累越来越多的跨文化经验，学生就会更加尊重日本文化，更加理解日本文化的价值观、思维和行为方式，从而不断提高自己的跨文化交际能力。

4. 培养学生的文化敏察力和跨文化移情能力

一个具有较强文化敏察力（又称文化敏感性）的人，对跨文化交际过程中的文化异同、敏感地带等十分敏感。跨文化交际能力培养的一个重要方面就是培养学生的文化敏察力，使其了解掌握其他文化的主要价值观、思维方式和行为方式，具有对其他文化基本特征的感性和理性分析能力。培养学生的文化敏察力，就是

---

① 胡文仲，高一虹. 外语教育与文化 [M]. 长沙：湖南教育出版社，2021.

让他们对文化表层现象有敏锐的感知和觉察，同时培养他们探究和分析文化表层现象背后的文化深层原因和本质的能力。

文化敏察力不是与生俱来的，而是需要通过学习形成的。文化敏察力的培养需要由表及里、由浅入深、循序渐进地进行。在发展学生跨文化交际能力的初期，教师可以训练他们对处于文化表层的中国文化和其他文化基本特征的观察与描述，训练他们发现常人不易发现的事物与现象。在此基础上，引导他们对所感知到的事物与现象进行文化比较和文化深层次原因分析，同时学习多视角看待和分析问题，尤其学习从其他文化成员的视角来感知、判断和分析事物和问题，提高跨文化移情能力。

跨文化移情能力是指尽量站在来自另一文化的人的立场去思考、去体验、去进行跨文化交际，就是"己所不欲，勿施于人"，是"己欲立而立人，己欲达而达人"。培养跨文化移情能力，就是要跨越中国文化，使自己处于其他文化成员的位置，设身处地地感受对方的境遇，理解对方的思维和感情，从而达到移情的境界。

跨文化移情能力包括站在对方的角度来理解其交际的意图。这种移情能力是建立在对交际伙伴的文化有深入了解的基础上的。因此，要培养跨文化移情能力必须加强对其他文化的学习。培养学生的跨文化移情能力还包括帮助他们认识来自其他文化的成员可能感知到自己不曾感知到的东西，看到他们对所感知到的东西可能有与自己不同的诠释。

（二）促进学生对中国文化和日本文化全面深入的认知和理解

学生深入了解和理解中国文化与日本文化的前提条件包括但不限于：了解和认知两种文化，具备良好的跨文化交际能力、强大的思维能力以及批判分析能力。因此，重视以下两个方面可以协助学生提升其跨文化交际能力。

1.拓宽和加深学生对中国文化的认知和理解

对中国文化全面而深刻的认识是了解日本文化的重要前提。对中国文化有深入了解的日语专业学生在跨文化合作职业实践中具有巨大优势。因为许多在中国投资建厂的日本企业希望利用员工对中国文化的了解来制定符合中国国情的企业制度。因此，对于日语专业的学生而言，全面深入地了解中国文化，以及具有向日本文化传递中国文化的能力，是至关重要的。日语专业学生要想全面而准确地理解中国文化的认知、思维和行为方式，必须深入学习中国文化，并加强对日本文化的敏感性和包容性，以提升跨文化沟通能力。

培养日语专业学生的跨文化交际能力不仅需要提高他们的语言交际能力，还需要他们了解日本文化，但这绝不意味着要他们把中国文化的"根"拔出来，离开中国的文化"土壤"，完全"跨"上日语的文化土壤上重新生长，而是要在两种文化之间起到桥梁的作用。

就像民族中心主义思想阻碍了跨文化交际能力的发展一样，缺乏对自己本国文化的了解，甚至放弃对自己本国文化的认同感也会妨碍跨文化交流的实现。若没有接受过本国文化的熏陶，就难以理解跨文化交流的要点。只有对本土文化深感骄傲和自信，才能在跨文化交流中达到平等状态。

老子在《道德经》中有言："知人者智，自知者明。"对中国文化的历史渊源、本民族典型的价值观、思维方式、行为方式等有深刻的认识和反思会有助于人们了解自己的文化烙印，增强人们的文化敏察力，提高人们在中外文化之间进行跨文化沟通的能力。

教师需要激发学生对中国文化的思考，在认知自身价值观所受社会影响的同时，引导其反思。只有认识到个人的内在价值观是由过去的经验和环境所塑造而成的，我们才能更容易地意识到自己所持有的文化价值观实际上是基于个人认同而形成的，并了解不同文化价值观之间的差异。通过了解不同文化价值观之间的差异，我们可以更好地理解自身的文化立场，同时也能够更容易地欣赏和共情不同文化。

要了解中国文化，必须了解中国的文化传统、价值体系、影响中国文化的因素等。同时，在跨文化交际中，中国文化所遵循的一些价值观和处事方式可以为跨文化交际提供许多积极的参考，从而为跨文化交际研究提供新的视角。

在日语教学中，学校应当加强学生对中国历史文化的学习，开设一些中国国学的选修课，通过对中国文化的学习，尤其是通过对中国文化中积极内容的学习，增强学生的中国文化价值感和民族自尊心，提升学生的文化素质和修养，增强他们弘扬中国传统文化的意识和主动性。理解和认同中国文化可以帮助学生理解和尊重其他文化，进一步拓展自己的跨文化心理空间，对文化的多元性展现出一种包容，形成兼容并蓄的跨文化人格。同时，使学生在跨文化交际中成为有价值的、受欢迎的交际伙伴，因为其他文化成员在与中国学生的交流过程中，大多是希望对中国文化有更广泛和深入的了解。

了解中国文化，将中国文化的精髓贯穿到跨文化交际中，强化学生的人文精神、价值观，提高他们的人文素质，培养他们在中日文化之间的沟通能力，可以提高他们的跨文化交际能力，同时也可以为促进真正意义上的跨文化对话作出贡献。

在进行日语教学时，教师需要让学生通过练习使用日语来描述、分析中国文化的发展历史、思考方式和行为方式，并传达相关信息。通过这种方式，我们可以让学生掌握比较中日文化各个方面的能力，并且培养他们从日本文化角度审视中国文化的能力，以此来拓宽他们对中国文化的认知和理解，使他们可以从多个角度来深入地了解中国文化。

2. 学习日本文化

在日语教学中，教师要尽可能地让学生全面地认识日本文化，包括历史、社会、经济、政治和生活方式等方面的文化常识，并将这些文化常识融入日语教学中，但要注意文化是不断变化发展的。教师应当鼓励学生用开放的视角去认识和分析日本文化的发展历程，消除他们固有的偏见和刻板的印象，促进他们的跨文化理解。因此，在日语教学中，教师应该同时考虑日本文化的历史特点和现代特点。

在此基础上，还要培养学生全面掌握日本文化的能力，即先宏观地了解日本文化，再从中观（比如地域文化、某一领域的特征、各时代人的不同特征）和微观（比如个性特征）的层面观察分析和理解日本文化，最后达到宏观、中观和微观的全面了解和理解。

当然，以上所描述的全面了解和理解某一文化是一个循序渐进的过程。对于跨文化经验尚不丰富的大学生来说，对日本文化的了解比较肤浅、笼统，或在了解过程中充满了矛盾和困惑，这些都是跨文化学习过程中的正常现象，作为教师应当帮助和引导学生来处理这些问题。

了解日本文化的过程就是培养对日本文化的兴趣和好奇心，通过不断的学习、观察和思考增强观察力、判断力，尤其是受增强多视角、多层次认知日本文化的能力，以不断了解和理解日本文化。在学习日本文化的过程中，学生常常能看到中国文化与日本文化存在差异的地方，这一点是十分重要的，但同时，学生也要尝试找到中国文化与日本文化的共同点，在了解"习相远"的同时，也要把握那些"性相近"的文化共同价值。

想要更加全面深入地了解日本文化，除了从中国人的角度出发进行分析，还可以借助阅读和讨论来了解其他文化成员对日本文化的观点和评价，以此拓宽视野，获取更加全面的认知。

此外，文化知识是永无止境的，教师绝不可能将某一对象国的文化知识完全传授给学生，而且也没有此必要。重要的是传授态度、观念、策略和方法。

（三）培养学生的跨文化自主学习能力

培养和发展跨文化交际能力需要长期的努力，并非几次课堂教学或实践活动就能实现。要培养和发展跨文化交际能力，必须持续地学习和积累经验，保持不断进步的态度。学生的学习兴趣和高效学习能力，在这一过程中起着至关重要的作用。因此，在进行日语跨文化教学时，教师应注重教授跨文化学习的方式，指导学生学习应对跨文化交际问题的策略、方法和技巧，并培养学生熟练运用这些技巧的能力，从而帮助学生提高跨文化自主学习能力。

自主学习能力应该包括行为层面（学习者参与管理自己的学习，对学习进行规划、监督和评价）、心理层面（学习者对自己的学习有较强的意识，善于反思）、情感层面（学习者对学习充满好奇心和自信，具有较强的学习动力）以及方法（学习者掌握了多种适合自己的学习方法，并能根据需要灵活应用，同时愿意探索新方法）和应用（学习者有能力将所学知识和技能加以应用）五个方面。其中，心理层面的自主学习能力也可以被看作是乐于学习的态度，这种态度是受学习动机影响的。跨文化学习的内部动机包括：对日本文化的向往，对日本文化中的价值观、生活方式等的浓厚兴趣；希望学习一些新奇的、与众不同的内容；希望系统地、科学地研究中国文化与日本文化的异同；希望通过对日语和日本文化的学习拓宽自己的视野，更好地促进自我成长等。跨文化学习的外部动机包括：提高自己的职场竞争力，希望到跨国企业工作；希望更好地与日本人相处，与其进行有效、成功的跨文化交际与合作等。在对日语专业学生的跨文化教学中，教师应当帮助学生激发他们的跨文化学习动机，并增强和丰富这些动机。

在培养学生的跨文化交际能力的过程中，乐于学习的态度和善于学习的能力包括：能自主地对跨文化学习作出系统的计划；能对计划实施并对学习的过程和结果进行检验；能找到适合自己的学习策略与方法。具体内容如下。

①定期对自己的跨文化交际能力作出自我评估并请他人对自己的跨文化交际能力进行评估。

②根据上述跨文化交际能力的评估结果制订进一步提高跨文化交际能力的计划，具有为自己寻找和营造跨文化交际环境的能力。

③具有关系构建和维护能力，能在自己的学习、生活和工作中寻找合适的跨文化交际伙伴并与之建立长期的友好关系，以便在实践中不断地进行跨文化学习。

④能对各种跨文化交际策略进行尝试和总结分析，探索出适合自己又适应各种交际伙伴和交际环境的策略。

跨文化自主学习能力还包括媒体应用能力。多媒体和互联网的发展为跨文化学习能力的培养带来很多新机遇和可能性，使传统的日语教学方式受到挑战，学生课外自主学习的时间比将大大提高。在这样的背景下，学生根据自己的计划进行自主学习就显得尤为重要。

培养跨文化自主学习能力也包括学生自己对学习材料、学习内容进行收集和总结。例如，格言与谚语的收集就能很好地增加日语专业学生的跨文化学习乐趣，同时在这一收集的过程中，学生可以培养自己对日语和跨文化学习的管理能力和自主学习能力。格言与谚语是文化的积淀和生动反映，每一种文化、每一个民族都有自己特有的格言和谚语，它们生动地传达了文化深层次的价值观、思维方式、社会关系、时间观、空间观等。通过学习和分析格言与谚语，可以更深入地了解和理解日本文化。格言与谚语的语言往往精练优美，可以提高学生对日语学习的兴趣，同时对格言与谚语的灵活应用又可以提高学生的日语表达能力，从而提高其跨文化交际能力。

第八章　跨文化交际视域下日语教学模式的创新

本章内容为跨文化交际视域下日语教学模式的创新，论述了 OBE 理论下的日语教学模式、"互联网＋"时代的混合式日语教学模式、互联网背景下的多模态日语教学模式、新时代课程思政下的日语教学模式四个方面的内容。

第一节　OBE 理论下的日语教学模式

一、OBE 理论的内涵

OBE 理论即成果导向教育，它是一种以学生的学习成果为核心的教育方法。美国和澳大利亚是第一批开展成果导向教育实践的国家，随后这一理论在 20 世纪 90 年代逐渐传播到我国。OBE 理论是一种备受美国教育界关注的理论，美国学者斯派帝（Spady W. D.）在其著作《基于产出的教育模式：争议与答案》中详尽探讨了这一教育思想。通过借鉴该书的相关观点，笔者将 OBE 定义为一种注重明确目标并组织教育系统聚焦这些目标的方法。第一，OBE 理论强调教育方式的转变，主张以学生为中心的全新教学模式。教师需要关注学生的需求，掌握组织教育的技巧，能够灵活运用教育资源，以便在课堂教学中获得最佳效果。OBE 理论的核心是着重强调每个学生都有实现成功的机会，尽管每个学生的天赋不同，但是每个学生都有潜力通过寻找适合自己的学习方法来实现学习上的进步和成功。因此，OBE 理论的目标之一是激发学生的成功愿望。第二，OBE 理论要求教师进行个性化评估，有针对性地根据不同学生的性格特点、情绪能力、学习基础等个体差异进行评估，避免采用"同一标准对待"的方法。此外，还需根据学生在不同阶段展示的特点进行评估，并密切关注他们的学习状况，提供及时的引导和支持。第三，OBE 理论要求教师贯彻精细化的教学策略，针对每个学生的学习背景设计个性化的课程计划，并实施教学评估，为每个学生提供更多适宜的学习机会，以便在自由开放的教育环境中实现学生个人的学习目标。第四，OBE 理论建立了学习成果的共同责任制，学校、教师和学生需要共同合作确保学生可以取得优秀的学习成果。同时，学校和教师需要客观评估学生的每一个学习过程，分析学生的优点和提升空间，为学生提供有针对性的建议和帮助。第五，OBE 理论是一种注重学生自身能力、以学生为中心、强调结果导向的教育方法，旨在培养学生适应未来生活的能力或培养学生成为具备领导才能的职场人才。教师需要列出每门课程的核心能力和对应的核心要求，以此来组织教学活动。每门课程都有其具体的步骤和要求，因此学生需要根据这种目标导向来调整自己的学习目的，以满足多样化和灵活性的要求，全面提高学习效率。概括来说，OBE 理论要求学生在学习中不断挑战自我、完成自我实现，并根据结果反馈来设计和自主学习，从而实现个性化学习。

二、基于 OBE 理论的日语专业核心课程教学改革与实践探索

为了确保日语专业学生毕业时能达到预期的能力目标，需要设立核心课程，优化教学内容和流程，同时保证课程学习效果能够满足学生需求。基于 OBE 理论，笔者对学生提出了以下三个方面的要求。第一，理论知识方面，学生要能够掌握语言学习对象国家的文化知识；第二，专业技能方面，学生要能够熟练运用日语进行听、说、写、译，顺畅与人沟通；第三，个人素养和能力方面，学生要具备跨国视野、理解和认知、跨文化交际、思考创新、自主学习和研究及团队协作等能力。

（一）以学生为中心，变灌输式教学模式为启发式教学模式

以学生为中心的教学模式，要做的就是改变原有的教学观念，逐步改变教师角色的原有定位，使教师从主导者变为引导者、启发者。比如在综合日语的课堂上，采用研讨式和启发式教学方法，让学生成为学习的主导者，并通过引导学生参与日语课堂，激发学生的学习兴趣和主动性。同时，转变传统的知识本位主义

观念，赋予知识、能力和文化体验赋予同等的重视度，实现多方面目标的平衡发展。教师要积极倡导以学生为中心的教学理念，注重表演式和探究式情境教学，以及跨文化教学。同时，结合日语语言学习和本土文化学习，逐步形成一种教学范式，即"输入—互动—训练—输出"，从而最大限度地发挥学生的主体作用。采用任务型教学，以任务为中心，将各个知识点有机融合进教学内容中，以培养学生的思辨能力、创新能力、研究能力和小组协作能力等。

（二）有效利用现代化教育技术，帮助学生达成学习目标

随着教育信息化的进步，涌现出了许多新的教学方式，如大型开放式网络课程（MOOC）、微课和翻转课堂。因此，教师应采用在线开放课程等新兴教学方式，实践翻转课堂和混合教学，进一步推动日语核心课程教学模式的创新。这种方法能够赋予学生更大的自主权，也能在一定程度上实现分层教学。另外，教师还应致力于创造多样化的数字化教育资源，加强数字化日语教学的建设和应用，为学生提供更多获取知识的渠道，从而丰富日语核心课程的教学形式。例如，在传统的日语听力课程中，教师会面临着语料来源有限、听力内容更新缓慢等问题。为此，教师可以选择 NHK 新闻、朝日视频新闻等经过权威认证的内容，以及深受学生欢迎的日本影视剧、日本动漫等资源，建立一个学习资源库。该资源库是一个方便的自主学习平台，能够帮助学生更快地实现学习目标。

（三）构建多维动态学习评价模式

为建设一个能够提高学生学习能力，同时以评价主体多元化、评价过程动态化、评价方式多样化为特征的日语学习评价系统。教师可以采用针对个人的评定等级制度，以学生为核心，让学生更加积极主动地学习，并淡化教师评价的主要地位，打造一个多元化的评价体系，同时发掘诊断性、形成性和综合性评价的优势，采用定量和定性相结合的方式，形成动态且持续的学习评价。教师应及时依据学习评价和学习效果反馈调整教学进度和教学方法等，以不断提高教学质量。

采用 OBE 理念，聚焦于培养学生的创新思维和实践能力，并致力于培养应用型的日语人才，达到知识复合型的人才培养目标。为了实现这个目标，教师应在日语专业的核心课程中进行一系列的改革和创新，采用以学生为主体、以教师为引导、以问题为核心的教学模式。同时，教师还应运用"互联网+"的理念，创造一个注重自主学习、探究和合作互动的日语教学环境。此外，教师应采用多维动态学习评估模式激发学生的学习热情、提升学生的自主学习能力，并改善教学效果。综合考虑，实施以 OBE 理论为基础的教学方式，有利于更好地满足社会对具备应用能力的人才的需求。此举符合高校转型发展的现实需求，是一种可行的方法。

第二节 "互联网+"时代的混合式日语教学模式

随着时代的发展，传统的课堂教学模式已经无法适应新时代发展的需求。混合式教学走进了教育工作者的视野，对于从事日语教学的教师来说，有必要结合日语专业教学实践，对混合式教学模式进行初步探究。

一、混合式教学概述

（一）混合式教学的内涵及本质

1. 混合式教学的内涵

混合式教学不只是单纯地将在线学习与课堂学习结合起来，而是多方面与多维度的教学融合。这些维度涵盖了许多方面，混合式教学正是在融合多种维度的条件下，实现教学的多样化，提升教学的实际效果。

对于混合式教学而言，其最重要的环节就是要做好教学要素的筛选与组合，通过对教学要素的优化组合，混合式教学能够有效提升教学质量，有效丰富学生的知识与提高学生的技能。

混合式教学可以是一种教学理念，也可以是一种教学策略，它需要借助网络信息技术来实施。混合式教学包含多元化的教学理论与方法，营造了良好的教学环境并明确了学习目标，它整合多种教学资源，可以使师生之间实现有效互动，使教学主体在互联网中获得更多的有效信息。

综上所述，混合式教学的优势在于涵盖了多样化的教学方法与资源，能够为学习者营造优质的教学环境，借助网络与教学媒介实现在线学习与课堂教学的有机融合，从而能够在理论指导下帮助师生实现双向互动，进而提升学生的自主学习与探究能力。混合式教学不仅完成了互联网与课堂的教学融合，而且在充分关注学生中心地位的基础上为学生营造了一个良好的学习环境，在这种学习环境下，学生的学习质量会获得显著提升。

2.混合式教学的本质

混合式教学是一种新型的教学模式，它不同于面对面教学与在线教学，它有自己本身的特性。以下对混合式教学的本质进行解读。

第一，混合式教学是一种耦合系统，其具有一定的动态关联性。这种动态关联性表现在混合式教学过程中的每一个要素都是相互联系、相互影响的。在混合式教学中，师生双方能够形成强烈的自我意识，在教学中发挥自主性，从而实现共同的教学与学习目标。与此同时，混合式教学可以提供优质的教学信息，从而帮助学生解决学习过程中遇到的问题，保证教学过程能够有序推进。混合式教学结合了面对面教学与在线教学，使二者完成了优势互补，从而提升了教学的效率与质量。

第二，混合式教学是在线教育的扩展与延伸。与以往的在线教学相比，混合式教学与其有着明显的差别，然而混合式教学并非要取代传统教学模式，而是在一定程度上对其进行拓展。混合式教学的优势之一就是完成了传统教学与在线教学的整合，对以往教学模式的缺陷进行了弥补。在原本的在线教学中，师生之间、学生之间缺乏有效的交流互动，教师无法从与学生的互动交流中获得反馈，不能及时为学生提供指导与帮助，从而降低了教学效率，阻碍了教学发展的进程。同样，因为学生自控能力较差，不能正确地选择与处理信息，所以使得网络教学无法发挥最大作用，在线教学优势也就无法展现。另外，在传统教学组织形式下，很难获得多元化的教学资源，也就无法丰富教学内容；过于标准化的教学模式未曾关注到学生的个体差异，从而限制了学生的个性发展。基于此，要想提升教学的质量与效率，促进学生身心的全面发展，就必须改变以往的教学模式。

混合式教学模式克服了传统教学模式的弊端，它能够对面对面教学与在线教学的优势进行整合，使二者融合产生新的教学组织形式，从而推动教学的发展。一般情况下，混合式教学是对面对面教学与在线教学的融合，在教学空间、手段和评价方式的选择上，也从两种教学形式中选取折中的部分。这样一来，既保证了教学途径的拓展，又可以有效避免在线教学单一化的弊端。混合式教学模式与传统教学模式的区别在于，其更加注重学生的主体地位，鼓励学生自主学习与探究，提倡为学生创设问题情境以引发学生主动思考，在评价阶段，更是重视以多元化的评价方式对学生的学习过程进行评价。

第三，激发学生的学习兴趣是混合式教学的重要内容。混合式教学注重通过教学活动的组织与设计提升学生的求知欲，鼓励学生学会自主探索并进行资源、信息的整合，帮助学生树立创新意识并提升其创造力。在设计混合式教学活动的过程中，教师一般从学生的个性与兴趣点出发，为教学增添符合学生知识水平与能力的内容，确保学生对教学内容产生兴趣，以此促使他们积极主动地学习，从而更好地实现混合式教学的最终目标，使学生获得全面成长。

（二）混合式教学的基本特点

1. 线上与线下相结合

混合式教学对线上与线下教学的融合使得在线教学与传统课堂教学真正实现了统一。混合式教学最为显著的意义就是打破了传统线下与线上教学的局限性，从而使得教学的效率得到有效提升。混合式教学借助互联网优势，以技术为支撑完成了有形与无形教学的融合。表面上看，线上与线下教学有着明显的不同，但实际上这两种教学方式所追求的都是保证有效教学的实现。因此，无论是线上教学还是线下教学，它们的目标都是一致的。只有融合这两种教学形式，教学的有效性才会更加显著。开展混合式教学的前提是构建教学平台，通过教学平台，能够有效联结混合式教学的各要素。如果不将线上与线下充分融合，那么混合式教学的意义就会无从谈起，不但无法实现教学目标，还会给教师与学生带来负担。

2. 多种教学理论相结合

在教育学领域，不存在万能的教学理论。因此，在教学实践中，人们一直致力于探索与开发更加多样化的教学理论与教育规律，以保证教学的有效性。如今，广受认可的教学理论主要从行为主义、认知学、情感以及教学目标等方面展开。当然，无论哪一种教学理论都不是完美的，都有其自身的优点与缺点。例如，在认知主义与行为主义的教学观点中，十分重视知识的传播与转换，但是它们对于"教"的关注却大于"学"；而在建构主义教学理论中，十分重视教学设计，主张构建良好的学习环境，但在"教与学"上的发力十分均衡。由此可见，教师在选择教学理论时应当从实际出发，选取适合每个阶段的教学理论，保证教学理论与各个时期的教学目标相契合，从而更好地发挥主导作用，提升学生的学习积极性与主动性。对于教学理论而言，其包含的各个要素一定是相互联系的，这就使得混合式教学策略需要把握住各个要素来提升教学的有效性，以此保证混合式教学策略能够发挥最大的作用。

3. 教学资源丰富

教学资源丰富体现在以下几个方面。

第一，教学资源丰富体现在内容的混合上。随着社会的发展，对于综合性人才的需求日益增加，因而学校在进行人才培养时更加注重提升人才的综合素养。在未来学科发展中，各个学科融合、文理科交融是一种现实趋势。在混合式教学模式中，也存在十分显著的资源内容混合的现象。学生通过混合式教学模式所接收的信息，并非只是从一门学科中整合得来的，而是从系统化的知识体系中融合而成的，这种多学科混合知识的教学内容，更容易帮助学生在学习中学会触类旁通。

第二，教学资源丰富体现在呈现方式的混合上。在混合式教学模式下，多元化的资源呈现方式是其教学特征之一。这种资源呈现方式遵循了学生的认知规律，能够提升教学的效率与质量。显而易见，传统书本式知识呈现的优势在于学生可以系统性地把握知识，只是知识的传播与利用效率较低；同时，学生只借助书本来学习知识，很难产生学习兴趣，容易降低学习的积极性。然而，完全抛弃书本式知识呈现方式也是不可取的，在这种情况下，最好的方式就是将传统的书本式知识呈现方式与新型的资源呈现方式相结合，用资源呈现方式来弥补书本式知识呈现方式的不足。如此一来，随时随地都能实现知识的传播。这种呈现方式的混合不但能够整合多种资源来满足学生的需求，还能够促进学生的个性化发展。

第三，教学资源丰富体现在对资源整体的优化整合上。线上与线下资源的汇集，可以构建起知识系统，然而资源过多且饱和之后，就会出现质量问题。这时候，对资源进行优化、整合就十分关键。混合式教学模式下，能够对线上与线下教学资源进行整合，避免资源浪费，从而提升了教学的质量，推动了教学的顺利进行。

（三）实施混合式教学的意义

1. 引入了移动式教学

随着大型开放式网络课程的普及，人们开始担忧传统教学会被取代。事实证明，这种担心是完全没有必要的，因为传统教学仍旧具备在线教学无法代替的优势。一方面，传统教学并没有被抛弃，只是获得了延伸与发展，因为混合式教学对线上教学与线下教学进行了融合，开发出了一种移动式的教学形式。这种教学形式能够打破时间与空间的限制，弥补传统课堂教学的不足。例如，高校教师需要参加科研会议而无法进行课堂教学，但是又担心耽误学生的学习进度，这时就可以借助网络提供的教学环境，实现异地的课堂教学。这便是移动式教学的优势，只要有网络支持，教学就不会因为时空限制而被迫中止。另一方面，当学生因特殊原因无法及时参与传统课堂学习活动时，也可以借助在线学习平台及时补课，这样就不会耽误学生的学习进度。由此可见，混合式教学模式下的移动式教学的展开，对于教师的教学与学生的学习都有很大的帮助。

2. 与教育改革趋势相吻合

混合式教学模式重新定义了教与学的关系，并引发了人们新的思考。在教育学领域，教与学的问题一直是教育改革最为关注的问题。单一的教师讲授式教学模式一直被人们认为是缺乏实效性的教学形式，而混合式教学模式改变了这种教学形式，将学生置于教学的中心地位，主张教师在教学中发挥主导作用。在混合式教学模式下，教师会采用多元化的教学手段与方法，选取小组合作式教学等多种教学方式为学生提供指导与帮助，从而提升学生的学习积极性与主动性，培养学生的创新能力与合作能力。因此，混合式教学模式能够在教育改革中发挥作用。在信息时代背景下，教育改革也需要借助信息技术的力量。而混合式教学模式依托信息技术构建了在线学习平台，实现了线下与线上学习的融合，从而有效提升了教学的实际效果，这显然符合教育改革的趋势。研究显示，混合式教学模式在职业教育与培训中的应用十分广泛，同时在国际范围内也受到了广泛认可，并被应用到高等教育中。由此可见，混合式教学模式拥有良好的潜力，在促进未来社会的教育改革方面发挥着关键性的作用。

3. 构建了全新的师生关系

在混合式教学模式下，一种全新的师生关系被构建起来。在以往的教学模式下，学生对教师指导的依赖程度过高，很难独立完成学习任务，而在混合式教学模式，师生之间的互动交流增多，互动方式也更加多元化。混合式教学模式鼓励师生进行面对面的交流互动，同时又增添了在线互动平台的交流方式。在在线互动平台的帮助下，学生能够随时随地同教师和学习伙伴进行互动。与此同时，借助在线学习平台，教师对学生进行评价与管理的渠道也得以拓展。教师可以通过平台查看学生的学习情况，学生也能够随时查看自己的学习成绩。教师对学生的教学评价可以及时借助平台传递给学生，学生也可以在线提交作业供教师评阅。总而言之，在在线学习平台的作用下，师生之间的互动变得更加频繁，形成和谐、平等的师生关系。除此之外，在线平台的优势还在于能够更好地优化与整合资源，学生可以在平台上获取更多的信息，实现资源共享。借助在线平台积累的各种优质资源可以用于混合式教学，进而推动混合式教学模式下的课程建设。

（四）实施混合式教学模式的要求

1. 优化要素

混合式教学模式包含众多要素，在教学过程中这些要素缺一不可。然而，在实施混合式教学模式的过程中，最关键的环节是对这些要素进行优化整合，完成各要素的优化整合，能够帮助学生获得更好的学习体验。从教学媒体的角度来看，混合式教学在教学媒体的选择与教学策略的设计上与传统教学有着明显的区别。在传统教学模式下，选择教学媒体主要考虑的是其能否帮助教师更有效地呈现教学内容，而在混合式教学模式，选择教学媒体的侧重点则在于是否能够为学生的学习提供更好的支持。由此可以看出，在传统教学中，教学媒体只是一种教学演示工具，目的是为教师教学提供辅助，而在混合式教学中，教学媒体所担当的角色显然发生了很大的转变。一直以来，人们对于混合式学习的研究都集中于信息传递通道，也就是研究如何更好地组合与选择教学媒体。这就使得混合式教学中的教学媒体不只是一种教学演示工具，而是一种可以方便人们获取信息的渠道。除此之外，在混合式教学研究中还需要关注的问题是如何通过控制线上与线下学习的比例而实现教学模式最为有效的"混合"。正如慕课一样，大部分学者认为慕课只能完成"教书育人"任务中的"教书"任务，而无法真正地实现"育人"。这是因为虽然线上学习能够加强师生、学生之间的互动，却仍旧没有办法同面对面教学产生相同的教学效果。这也是一直以来传统课堂教学无法完全被线上教学取代的原因。因此，结合这一现实情况，人们在实施混合式教学模式的过程中，必须从多方面进行考虑，把握好模式混合的比例，以保证混合效益最大化，有效提升教学效果。

2. 提供技术平台支持

研究与实践证明，混合式教学的实现对于信息技术有很大的依赖性。也就是说，混合式教学要在学习平台的帮助下才能完成，混合式教学是否有效取决于为它提供支持的学习平台是否足够成熟。事实上，在慕课出现之前，人们早就已经开始开发与探索网络课程了，只是有些网络课程并没有真正走入大众的视野被人们所熟知。例如，高校教师也会为教学录制网络课程，但往往因为技术的限制只是单纯的录像而无法真正引导学生参与其中，教师虽然为学生提供了课程，但却没有进行教学组织，也无法在学生学习之后及时地给予教学评价，因此这种网络课程并不会对传统教学模式产生很深的影响。随着慕课时代的到来，混合式教学模式也随之诞生，其发展需要借助信息技术以及新的教育理念来实现。由此可见，混合式教学模式是时代的产物，它必须依靠成熟的信息技术来实施。只有明确了这一点，高校才能借助社会组织支持或者自主开发教学平台。例如，美国的在线教育服务商就开发了一种学习适配技术，可以对学生的学习习惯进行动态分析，从而形成一种适合学生个体的个性化学习体系，帮助学生提升学习效率。而麻省理工学院与哈佛大学也曾经共同推出了一种交互式学习平台，这一平台为学生提供了一个在线学习基地，它使线上与线下教学完成了整合，通过对学生在平台上学习产生的数据进行分析而实现教学的及时反馈，从而有效地提升了教学效果。如果该平台没有强大的信息技术作为支撑，那么是无法在世界范围内获得广泛认可的。由此可见，技术支撑确实是混合式教学模式得以有效实施的关键因素。在我国，信息化发展水平上尚不稳定，但也有一些学校联盟开发与探索了网络课程，并一直致力于进行信息技术以及课程资源的融合开发。

3. 增强教师能力

目前看来，混合式教学模式实施过程中存在的显著问题是缺乏健全的教师培训体系。教师在缺乏完善培训的情况下直接实施教学，会导致教学的盲目性，降低混合式教学的实际效果。相比于传统教学模式，混合式教学模式在很多方面都发生了改变，但其最为显著且最根本的改变在于教学理念的转变。教学理念发生的显著变化，无论是对于教师还是学生而言都是一种全新的挑战。第一，在以往的教学模式下，教师都是备课式教学，教学内容是固定的。而在混合式教学模式下，线上教学的内容并不在课本之中，因此，学生在学习网络课程之前需要提前对所学内容进行预习。当学生在线上完成了自学之后，会带着学习中的疑惑投入线下学习之中，这样学生在学习的过程中就更容易抓住重点，也有利于学生主动思考。教师通过学生的反馈为学生提供指导与帮助，可以帮助学生及时解决学习中的困惑。因此，在教学过程中，教师要明确自己的职责，认真钻研教学内容以为学生答疑解惑，从而提升教学的成效。当然，在教师刚开始运用混合式教学模式时，难免会存在一定的不适应之处。例如，因为习惯很多教师无法从原本的教授模式中抽离出来，所以产生了更多的教学担忧。这就需要教师树立教学信心，保证自身具备求实的理论知识，以应对教学中突如其来的问题。第二，在线上学习中，学生要有自主学习的时间，因而教师在设计网络课程内容时要更为仔细，必须对内容加以把握，在保证内容能够提升学生学习积极性的同时，还要给学生留出充足的时间来接受与消化知识。如此一来，才能让学生逐步深入学习，建立学习信心并提升学习主动性。第三，教师需要通过分析学生的学习状况及时做好答疑工作，同时还要将线上课程与线下课堂教学联系起来，做好教学评价工作。由此可见，混合式教学模式对于教师能力有着很高的要求，教师只有具备扎实的知识与完备的教学能力才能保证混合式教学模式的成功实施。

二、混合式教学模式在日语教学中的具体应用

（一）混合式教学模式在日语视听说教学中的应用

1.混合式教学模式在日语视听说教学中应用的机遇

（1）消除时间与空间限制，拓宽教育范畴

在我国，日语视听说教学大多以课堂教学为主，因此学生只有固定的学习时间与空间，这显然不利于学生日语应用能力的提升。而在日语视听说教学中融入混合式教学模式可以有效打破学习的时空限制。学生在参与视听说学习过程中，可以不再受以往课堂学习定点定时的限制。在学习地点上，学生无论是在家中、

学校还是在公共场所都可以进行学习，这就使得教学空间得以拓展。在学习时间上，学生借助网络可以随时进行学习，学习的自主性也会有所增强，而且也方便学生调整自己的学习时间。

（2）加强教育深度，提升教学质量

混合式教学的优势在于其能够帮助学生进行更有深度的学习，这种教学模式不只是片面地利用数字化教学资源，也不是毫无创新性地重复翻新以往的教学活动，而是能够利用网络优势丰富教学内容。在混合式教学模式的帮助下，日语视听说教学能够有效整合海量的教学资源，获取更加多元化的教学内容，并借助网络平台实现真正的交流，从而能够真正锻炼学生的日语交流能力，让学生能够走出课堂，走进混合式教学模式创设的真实环境中，提升自身的日语视听说能力，深入日语学习的实践之中，以保证日语视听说教学质量的有效提升。

2. 混合式教学模式在日语视听说教学中应用的挑战

（1）教学内容过于理论化，学生实际交流能力不足

日语视听说教学的目的在于培养学生的视听说能力，帮助学生在交流中熟练地使用日语，从而满足社会对日语人才的需求。在我国，原本的混合式日语视听说教学主要集中于课堂上，教学中多重视知识的传授，而忽略了实践教学，从而使得学生只关注理论知识的学习，而不曾注重实践练习。如果教学一直持续这种模式，学生就无法在真实的环境中进行日语交流，那么所学习的日语知识也就无用武之地。更有甚者，一些从事日语相关工作的学生也会因为缺乏日语交流能力，无法更好地完成工作，从而阻碍他们个人的发展与进步。

（2）知识获取量众多，学生注意力不集中

实践证明，基于混合式教学模式的日语视听说教学容纳了许多丰富的教育资源，对于学生选择学习材料提供了有力的帮助。然而，随着互联网的发展，众多的教学资源在全球范围内加速流动，面对这些缺乏系统性与整体性的教学资源，学生很容易迷失方向，无法合理选择与利用资源。在这样的现实情况下，学生很难对教学资源加以辨别，从而也难以理性地对教学资源进行归类。另外，网络环境有众多的不稳定因素，会对学生的学习造成一定的不良影响。网络的多元化与开放性在为学生提供多种信息的同时也存在很多的诱惑，这些诱惑容易分散学生的注意力，降低学生的学习效率与质量。

（3）教师主导作用削弱，师生关系疏远

在以往的日语视听说教学中，教师需要为学生的学习提供指导与帮助，学生是教学的中心，而基于混合式教学模式的视听说教学，教师对网络的依赖性增强，在日语课堂教学中，教师也只是借助视频来展开教学，这就使得教师的角色发生了改变，其从教学的主导者变成了教学的辅导者。这样一来，师生间的互动日益减少，教师与学生也无法实现共同进步。而借助网络进行教学时，不同的教师却教授相同的内容，这不仅阻碍了教师发挥主导作用，还是一种教学浪费。学生无法得到正确的指导，就会造成学习的盲目性。由此可见，混合式教学模式下的日语视听说教学阻碍了师生间的有效互动，教师与学生难以形成和谐、平等的关系，从而不利于学生的全面发展与素质的提升。

3. 混合式教学模式在日语视听说教学中应用的路径

（1）在混合式教学模式下提高学生的交流实践能力

混合式教学模式改变了以往传统的教学模式，对教学内容加以创新，不再将教学只局限于课堂之中，而是加强了对教学实践的重视。日语教学中的视听说教学最为重视实践交流，因为只有在实际的交流学习中，才能切实提高学生的口语能力。而混合式教学模式的优势就在于它可以将理论教学与实践教学完美结合起来，使日语教学实现理论与实践的有机统一。在混合式教学模式的指导下，学生可以完全不受课上、课下的局限，借助互联网实现在线学习，这既能获得更多的知识资源，又能实现与其他学习伙伴的交流。混合式教学模式利用互联网为学生创设了一个真实的日语交流学习环境，学生能够在互联网上同世界各地的学习者展开语言交流，从而切实提高口语水平与语言应用能力。

（2）合理设置线上教学方式，净化教学环境

混合式教学模式虽然有很多优势，但也并非没有弊端。在日语视听说教学中应用混合式教学模式，可以为日语课堂教学提供有益的补充，但这种教学模式尚不能完全脱离课堂。因此，在混合式教学理念的指导下，教师应当进一步完善日语课堂教学计划，合理配置互联网教学资源，使传统课堂教学与线上教学实现有机融合，形成一个统一的教学系统以及良好的教学环境，从而实现真正的混合式教学。在两种教学模式相互影响、相互促进的作用下，完成日语教学模式的创新，从而保证日语视听说教学的实际效果。

网络环境是一个复杂的环境，网络信息内容丰富、种类繁多，教师要为学生提供一个良好的日语网络学习环境，指导学生辨别信息，并能够从形式多样的信息中甄选出有价值、有意义的信息，使学生能够通过对这些优质资源的学习不断提高自己的视听说能力。

混合式教学模式的应用能够充分调动学生的学习积极性，能够使学生主动参与视听说混合式学习活动，这与素质教育的理念不谋而合。可以说，混合式教学模式是网络技术发展的必然结果，对素质教育的实施有很大的推动作用。

（二）混合式教学模式在日语阅读教学中的应用

1.课前准备

在课前准备阶段，学生需要做好预习准备。学生在课前通过观看教师制作的视频来学习与日语阅读相关的知识，并结合预习任务进行预习。例如，了解阅读材料中的文化背景、学习日语词汇、解析重点句子、安排文章框架结构等。这些都是学生需要在课前学习应该准备的内容。与此同时，学生还应注重对所背诵单词的检测，并将自己在预习中的疑问记录下来。

在课前准备阶段，教师也要充分发挥自己的指导作用，实时跟踪学生的学习动态，发现并总结学生在准备阶段中存在的问题，并对这些问题进行及时纠正。同时，教师还应该根据学生完成任务的情况，及时调整教学方法和教学内容，使其能够满足学生的阅读学习需要。此外，教师还应该合理把握教学内容的难易度，过难或过易都不利于学生的学习。

2.课堂应用

混合式教学模式在课堂中的应用也直接影响着其实施效果。因此，在日语阅读教学中，教师也应该注重混合式教学模式的课堂应用。

（1）语言知识

语言知识在日语阅读教学中起着基础性作用。如果没有语言知识，就不可能顺利地进行阅读。学生在日语阅读中必须学习和掌握语言知识。在传统教学模式下，教师通常采用灌输的方法讲解语言知识，这些枯燥的语言知识很难激发学生的学习兴趣。而混合式教学模式可以将语言知识制作成图片、视频、音频。教师可以在课堂上展示这些图片、视频、音频，这样可以将抽象的语言知识具体化、形象化，可以使学生充满兴趣地学习。

总之，日语阅读教学离不开词汇、短语、句子等基础知识。如果教师仍采用传统的教学模式来进行教学，就会激起学生的反感，不利于学生学习积极性的提高。混合式教学模式为语言知识教学提供了一个新的思路。目前，很多教师将混合式教学模式应用于语言知识的教学中，并取得了很好的效果。

（2）文本难点

日语阅读教学中的文本难点是不可忽视的重要内容。对文本难点的理解程度，直接影响着学生的日语阅读能力。在日语阅读教学中，很多学生都很畏惧有一定难度的文本，甚至都不愿意做这些方面的练习。久而久之，学生的文本理解能力会越来越差，这对学生阅读能力的提升没有任何的帮助。而混合式教学模式可以分解一些有难度的文本，使文本能够直观地展现出来。同时，混合式教学模式还可以模拟情境，让学生在模拟的情境中更加深入地理解文本内容，这对学生的主动学习、全面理解都是有帮助的。

可以说，混合式教学模式为文本的理解提供了多种方式。学生可以根据自己的需求选择不同的方式进行理解，这样可以解决学生在文本阅读中的难点问题，增强学生日语阅读的信心。

（3）当堂即时演练

学生可以在掌握语言知识和攻克文本难点的基础上进行当堂即时演练。教师可以根据当堂的教学内容以及学生的实际学习情况，利用混合式教学模式安排一些练习。通过学生练习的情况，教师可以了解学生当堂的学习情况，以便安排下一环节的阅读教学内容。

总之，混合式教学模式是一种传统与网络相结合的教学模式。这种模式不仅能发挥出传统教学的作用，还能发挥出线上教学的作用。混合式教学模式在日语阅读课堂教学中的应用体现了线上与线下相结合的特点，对学生日语阅读能力的提升有很大的促进作用。因此，教师应该注重这一模式在课堂中的应用。

3. 课后延展

传统教学模式在日语阅读教学中发挥着重要的作用。随着信息技术和网络技术的发展，传统教学模式的弊端也逐渐表现出来。例如，教学理念落后、教学模式单一、教学内容陈旧，这些都影响了日语阅读教学的发展。而混合式教学模式在日语阅读教学中的应用，可以弥补传统教学模式的缺陷。

在混合式日语阅读教学中，学生可以通过视频进行学习。在课后，学生也可以根据自己的疑问观看视频进行课后延展学习，这样学生就可以学会疑难知识，从而为后续的日语阅读学习奠定基础。

4. 课后测试和评价

日语阅读教学结束以后，教师也应该注重课后测试和评价。在混合式日语阅读教学中，课后评价可以分为线上评价和线下评价两种方式。

课后评价可以通过各种阅读习题测试的方式开展。教师可以针对每一节课的内容，借助网络平台设计一些小测试，并鼓励学生积极进行测试。学生完成测试以后，教师要及时对学生的测试情况进行评价，从而使学生能够了解自己的学习情况。

三、日语混合式教学模式的构建

（一）"互联网＋教育"背景下日语混合式教学模式的构建意义

1. 实现智能化教学

"互联网＋教育"背景下高校日语混合式教学模式，是将传统课堂教学与智能化教学有效结合的一种教学模式，能够为学生打造出一个立体化的教学环境，有效激发学生的日语学习兴趣。例如，日语教师可以在混合式教学课堂上为学生播放日语相关视频，借此来有效实现情境化教学，有效提高学生参与日语学习的自觉性与主动性；教师也可以在混合式教学课堂上应用线上教学手段来实现同声翻译、线上直播、角色配音等多种教学创新，这样就能让学生在混合式教学课堂上掌握更多的日语知识。

2. 获取海量教学资源

在"互联网＋教育"时代背景下，海量且丰富的网络教学资源也是对日语教学的补充及拓展，其能进一步丰富日语教学课堂、提升日语教学效果。例如，在开展日语教学时，日语阅读教学相对而言难度较高，再加上教材内容篇幅较小，学生日语阅读流于表面，而应用混合式教学模式时，学生可以直接在线上下载难度不一的日语阅读材料来进行阅读学习，这能有效丰富日语阅读教学材料，提高学生日语阅读水平。

3. 实现多元信息教学

"互联网＋教育"背景下的高校日语混合式教学能有效整合云课堂、慕课、项目化教学、微课等多种教学模式，并将其应用于日语教学课堂上，这能在很大程度上丰富日语教学方式，为学生打造出一个生动且高效的日语教学课堂。例如，教师可以在教学过程中利用视频会议、共享屏幕直播教学等方式来对学生进行日语教学，课程结束之后系统会自动存储课程教学内容，形成教学视频，让学生在课下反复学习的过程中巩固课上的学习内容。除此之外，教师还可以在线下为学生布置一些项目化的学习任务，要求学生利用网络上传到相关的平台，这样就能有效节约不必要的线下教学时间，从而真正提升日语教学效率。

（二）基于学习通的高级日语混合式教学模式

学习通是近年来应用最为广泛的教学手段。日语教师也意识到了这一教学手段的重要性，并将其融入具体的日语混合式教学中。为了更具体地分析学习通背景下的日语教学模式，本部分内容主要以高级日语课程为例进行阐述。

1. 课前预习

高级日语课程在日语教学中的重要性是不言而喻的。这一课程内涵丰富、知识众多、内容广泛。同时，各种日语知识所涉及的文化也是多种多样的。这些复杂的、多样化的日语知识如果只在课堂上学习，学生将很难全面掌握。基于此，教师应该利用当前的信息化教学手段，将一些日语基础知识制作成课件，并将这些课件推送给学生，使学生能够根据自己的学习情况进行选择。学生在学习过程中还可以将自己不会、不懂的地方标记出来，与教师、同学进行交流。

因为学习通具有插入视频的选项，所以教师可以根据学生的学习情况有选择地插入慕课视频，还可以结合日语教学的需要有选择地插入网络视频。在插入这些不同形式的视频以后，教师可以借助推送工具将这些视频推送给学生，使学生能够系统地学习。同时，在这一混合式教学模式下，学生可以从各种不同的视频中学习日语知识，并在多样化的情境中提高自己的交际能力。

2. 课堂教学

与普通日语课程相比，高级日语课程在内容上更加多样，在语言结构上也更加复杂。同时，高级日语课程中的口语化语言比较少，主要是一些书面语言。这些都在一定程度上增加了学习高级日语课程的难度。

尽管教师在课堂教学中组织了很多的教学活动。但是，由于课堂时间的限制，不能保证每个学生都能参与教学活动，这不利于学生将日语知识表达出来，不利于提高学生的语言运用能力，也不利于培养学生的思辨能力。

学习通的出现，有利于解决上述教学问题，有利于激发学生学习日语的兴趣，促进学生将线上学习与线下学习结合在一起。

在学习通的帮助下，学生可以随时随地观看和学习日语教学课件。这一课件的内容与学生在手机上观看的内容是同步的。在观看课件课件的过程中，学生可以在课件上进行标记。这一动作是同步的，教师可以根据学生的标记，了解学生的学习情况，并以此为据，不断调整日语教学的内容，转变日语教学的方法。

在基于学习通的混合式教学模式的学习中，学生可以充分发挥投稿功能的优势，将日语学习中遇到的问题、解决对策、各种实例等发送给教师。教师再根据实际情况进行后续操作。学生在投稿的过程中可以整合已学知识，这样可以加深学生对日语知识的理解，提高学生的日语运用能力。

除此之外，学习通还可以实现随堂检测。教师在制作课件的过程中可以根据教学内容插入不同类型的习题，在具体教学中将这些习题发送到学生手机上，并督促学生认真完成这些习题。在学生提交完成后，习题测试系统就会对学生的完成情况进行评价。

随着网络技术的发展，学习通也在不断发展。基于学习通的混合式教学模式在习题测试方面已经取得了很大的成就。除了单选题和多选题，还会涉及主观题。这种多样化的习题测试，可以从多个不同的方面对学生的学习情况进行考查，并且教师和学生都可以及时得到反馈，这对教师的教和学生的学都是十分有利的。

总之，在课堂教学中，教师可以多设置一些习题，并将这些习题发送给学生。学生通过做这些随堂测试，可以了解自己对知识的掌握情况。同时，教师可以从学生的测试结果中了解学生的学习情况，并以此调整教学方式和教学内容。

3. 课后复习

学习通不仅在课堂教学中发挥作用，还在课后复习中发挥作用。学习通中的课件和内容不会随着课堂教学的结束而结束，它可以为学生课后的复习提供资源保障。学生可以根据自己在课堂上的学习情况有选择地观看课件，并可以针对相关知识点向教师提问。教师在收到学生的提问之后，可以根据学生的提问内容进行解答，还可以引导学生一起思考，与学生一起探讨问题，从而得出问题的答案。同时，教师在课后复习阶段还可以利用学习通给学生布置复习作业，鼓励学生利用课余时间进行复习，使学生加深对课堂知识的理解，这对日语混合式教学模式的实施是十分有利的。

教师还可以利用学习通提出一些拓展问题，引导学生积极分析和回答这些拓展问题，鼓励学生积极发表自己的观点，实现观点的共享，实现教师、学生之间的交流与互动。

4. 教学评价

学习通的应用改变了传统的只重结果的评价方式，为日语混合式教学的评价提供了理论指导。课前预习情况、课堂学习情况、课后巩固和复习情况都在学习通中记录得很清楚，这是对日常学习的真实反映，也是评价的重要参考。同时，学习通中还包含了学生的投稿情况、课堂测试情况、交流与讨论情况等。教师在对学生进行评价时可以结合这些数据进行形成性评价，从而保证评价的客观性、科学性。学生也可以结合这些数据进行自我评价，从而了解自己的学习情况，以便明确日后学习的方向。

通过上述分析可知，在学习通背景下，教师可以按照课前—课堂—课后的混合式教学模式来开展日语教学，并结合学习通中的真实数据进行教学评价，以实现教学评价的科学性。

第三节　互联网背景下的多模态日语教学模式

一、多模态研究的相关概念

（一）媒体、多媒体、超媒体、媒体间性及教学媒体系统

1. 基本概念

（1）媒体

作为传播信息的主要方式，媒体通常也被人们称为媒介。事实上，从当前教育技术学的角度来看，媒体主要可以分为五类，分别为传输媒体、存储媒体、显

示媒体、表示媒体以及感觉媒体。无论是承载信息的工具，如纸、笔、黑板、录音机、投影仪、计算机等，还是人类的感官，如视觉、听觉等，都包含在其中。

从语言学的角度来看，当前媒体主要被划分为两大类，分别为语言媒体、非语言媒体，二者的主要区别在于是否将语言当作信息载体。在日常生活中，常见的语言、文字以及副语言等都属于语言媒体，可以承担传递信息的任务，语调、音色、口音、语速等都属于副语言；非语言媒体是指交际者利用语言之外的媒介，如肢体动作、工具、环境等来传递信息。从这方面来看，非语言媒体又可以细分为肢体媒体、非肢体媒体。当前，在实际生活中，人们常常利用非语言媒体来传播信息。可见，在当前的媒体传播中，非语言传播变得越来越重要。

（2）多媒体

随着互联网的发展，多媒体技术开始广泛应用于教学中。所谓的多媒体，顾名思义就是多种媒体共同发挥作用的一种信息技术，一般情况下，人们利用计算机将构成多媒体的要素有机结合起来，共同传递有效信息。正如我们所知，多媒体技术作为一种新兴技术，具有实时性、集成性、交互性等标志性特点，多媒体能够分析并处理各类图片、文字、声音信息。为了提升学生的学习兴趣，调动学生的学习积极性，教师通常会利用多媒体技术来辅助教学。当然，利用多媒体技术的必要前提是要确保与教学目标、教学内容相符。多媒体技术的引入不仅营造了良好的课堂氛围，还有利于学生学习课堂知识。作为当前最常用的教学工具，多媒体技术为混合式教学模式的发展贡献了不可忽视的力量，并推动其成为日语教学的主要模式。

（3）超媒体

基于信息浏览环境，超文本与其他媒体的有机结合就是超级媒体，简称为超媒体。而由超链接组成的具有全球性的信息系统就是所谓的超媒体系统，即网络上运用传输控制协议/网际协议（TCP/IP）和用户数据包协议/网际协议（UDP/IP）的应用系统。随着科学技术的不断发展，超媒体也发展得越来越迅猛。

（4）媒体间性

从表面上看，媒体间性实际上就是媒体相互性，即各类现代媒体之间的关联性。具体而言，无论是各大媒体内容之间的转换，还是媒体形式之间的变换，都属于媒体间性。之所以研究媒体间性，是为了推动教学媒体、模式以及模态创新的发展，同时促进教学观念的转变，营造良好的课堂教学环境。例如，进入 21 世纪之后，信息技术发展迅速，各类通信工具开始应用于教学，依托于超媒体的学习方式打破了传统教学观念，之前作为课堂违禁物的手机，现在频繁以学习工具的身份出现在课堂上，学生利用手机等通信工具搜索学习资料，观看教学视频并与教师、同学互动交流。种种迹象表明，时代的进步、信息技术的发展丰富了教学方式。在多年前，手机仅仅是通信工具，无法应用于教学，但如今泛在学习和各种多媒体技术进入课堂，为手机辅助教学提供了机会。基于此，手机不再是单纯的通信工具，而是传递信息的载体，它不仅转变了传统意义上的教学观念，丰富了教学手段，同时还增强了日语课堂的互动性。

2. 教学媒体系统

基于现代教育技术背景，日语教师要想取得良好的教学效果，真正提升日语教学水平，就应该合理利用多媒体教学技术，尽可能地推动学生利用多模态开展学习活动。

单媒体和多媒体都是构成日语教学媒体系统的重要组成部分。显然，投影仪、扩音器、道具、黑板、图片等属于单媒体的范畴，而类似于动画、语料库、视频、互联网这类媒体则属于多媒体。日语教师合理利用这些教学媒体的重要前提是掌握教学媒体的使用方法。事实上，人们对日语教学进行评价时也会参考教学媒体系统的使用情况比如使用时间、搭配是否得当等，研究课堂话语也是如此。

进入 21 世纪之后，各国都在大力发展信息技术，并将其应用于各行各业，教育界也不例外。多媒体技术的应用，极大地推动了日语课堂的教与学。为了跟上时代发展的步伐，教师必须转变传统的教学思想，掌握多媒体技术，丰富日语教学内容与形式，营造生动的日语教学氛围，进而在潜移默化中推动日语教学的发展。

（二）模式、模态、多模态及其相互关系

1. 基本概念

（1）模式

从表面上看，模式、模态以及多模态十分相似，然而三者有着本质区别。一般而言，按照一定规律进行交流的方式就是模式。模式的形式多种多样，静止不动的图像、语言、手势、音乐、姿势等都属于模式的基本形式，另外，基本形式所组合而成的新形式也属于模式，如视频会议。从社会符号学的角度来看待模式，可以发现，模式对于表达、交流以及传递信息都具有重要意义。从系统功能语言学的角度来看，模式也可以被称为"话语模式"，它代表一种交流渠道，可以借助口头、书面以及身体动作等方式来完成。一般而言，无论哪一种话语模式都需要借助一种或者几种媒体来加以表现，在不同媒体类型的组合下才能形成多样的交流模式。使用不同的模式或者进行一定的改变能够对信息流动与话语特征产生影响。正如教师讲课一样，教师在课堂教学中，会使用多种交际模式，如用口头的形式讲解课件，用书写的方式解决问题，甚至还会借助身体动作做一些教学示范，这些都是多样的交际模式。由此可见，模式的关注点在于产生信息的方式和过程，它虽然是一种简单的符号资源，但具有特别的意义潜势。

（2）模态

对于事物来说，模态就是其表现自身属性的一种模式或者方式。模态的划分在不同的学科中有不同的标准。一般情况下，信息接收者通过模态这种话语模式来完成信息的感知，因而模态的形成与媒体的信息表达有关，也与人的感知有关。如果从系统功能语言学说和社会符号学的层面进行解读，人与人之间的交流需要借助一定的具有意义潜势的符号，一般包括语言、声音、图像等多种模态。从认知科学的角度来探究人类的感知通道可以发现，模态可以借助感官进行分类，从而形成几种模态类型，即视觉、听觉、嗅觉、味觉和触觉。通常情况下，可以从两个角度对模态的概念进行划分，一是宏观角度，二是微观角度。从宏观的角度来看，模态的划分标准是感知通道，信息通过感官完成感知而形成模态；从微观的角度来看，模态可以看作是一种符号资源，它有着一定的意义潜势，信息的表达需要媒体借助交流模式来完成。因此，往往从宏观到微观对多模态话语进行研究，进而完成话语研究的细化。正如，在教学课堂上，对学生阅读行为的分析可以先从感知通道进行，然后再进行细化的研究，最终形成具有意义潜势的模态。随着社会的进步，学术界对于多模态的研究不断深入，对于多模态的探究角度也愈发多样，从而划分出了更多的模态类型。

（3）多模态

多模态是一种语篇模式，这种语篇的形成需要将多种不同模式的符号资源整合起来才能完成。如果从感知通道对模态进行分析，多模态的模态种类需要达到两种或两种以上。在人类的生活中，交流与感知的实现基本上是借助多模态来完成的。正如，在课堂学习中，学生需要听教师的知识讲解，那么教师就是通过"言语"来使学生进入"听觉"模态；而当教师书写板书时，学生就是处于"视觉"模态，教师的模态则是动作。这里需要明确的是，有些模态如果按照感知通道的标准划分可能只表现为单个模态，但是如果按照符号系统的标准划分，则表现为多个模态。因此，多模态的划分需要根据具体情况而定。

2. 相互关系

（1）模式与模态的区别

如今，学术界对模式和模态这两个术语并没有明确的界定。主要原因有两个：一个原因是不同的学科对这两个术语的定义不同，长期以来对这两个术语的使用方式也不同，所以在话语学研究中很难对这两个术语有一个统一的定义；另一个原因是模式和模态之间具有共同性，所以在合适的条件下模式会被转化为模态，模态也会被转化为模式。例如，教师在课堂中使用的 PPT 就是一个典型代表，它既是教师向学生表达信息的电子模式，也是一种包含视觉、听觉等模态的模态组合。

模式和模态强调的重点不同。模式的重点在于输出，而模态的重点在于输入。模式强调的是信息是通过怎样的传递者以怎样的方式进行传递的，以及信息的意义潜势。模态强调的是信息的输入，所以重点在于信息接收者以及信息接收者对信息的接收程度和理解程度。模式和模态直接关系到对课堂话语特质的把握，所以想要进一步研究课堂多模态教学，必须先了解模式和模态的区别。

高质量的语言课堂不仅需要学生运用听觉模态和视觉模态去听和看教师讲课，还需要学生调用多种模态与教师进行互动交流。课堂话语的构建不是由教师单独完成的，学生也要参与进来。学生在课堂中的看、说、听、演、写是学生用口头、书面等参与课堂话语构建的模式。在课堂中，学生是主要的信息接收者，因此听觉和视觉是学生最主要的模态，但课堂话语的构建离不开信息的输出，说、演、写等就是学生的语言输出行为。

学生是课堂教学话语分析的主体，所以不能从单一的某个方面去分析，必须全面、系统地分析学生在构建课堂话语时运用的模式和模态。这也要求研究者不能固守单一的研究模式，只有从多个角度分析、把握模式和模态的关系，才能为分析真实的课堂话语打下基础。

（2）媒体、模式、模态之间的关系

当媒体作为交流工具、模式作为交流渠道、模态作为交流结果时，这三者之间的关系是清晰明确的。但因为这三者之间还存在共同性，特别是语境发生改变时，这三者之间会相互转化，所以关系也会变得模糊不清。模态可能转变为媒体，媒体可能转变为模式，甚至媒体既是模态，也是一种交流模式。例如，在课堂教学中，教师和学生都是信息的发出者和接收者。教师会使用口头、书面等话语形式对学生进行授课，学生会使用视觉、听觉等模态接收教师传递的信息。另外，在教师和学生的互动过程中，教师会变成信息的接收者，学生会成为信息的发出者。学生进行信息输出时也可以使用多种媒体手段，如肢体动作、PPT、话语等。除语言交流外，"听"和"写"也是学生在课堂中的主要表现形式。"听"是学生对信息的接收，而信息主要来源于教师的语言传递。"写"是学生将接收到的信息进行再次展现。在课堂中，教师和学生所使用的媒体、模式和模态种类的不同比例，会直接影响师生之间的话语结构，同时也是评价这节课成功与否的关键因素。

3. 日语课堂教学中的话语模式和模态系统

日语课堂教学主要通过话语模式进行，所以话语模式在日语教学中发挥着重要作用。然而，话语模式又受媒体的影响，不同媒体之间的相互协作会直接影响话语模式的形式，进而对信息传递效果产生影响。在日语课堂教学中，师生主体的话语模式的交流渠道是多样的，所以教师在进行教学设计时，一定要分析清楚不同话语模式的特点，根据它们的不同特点，有针对性地选择话语模式或者对不同话语模式进行有机结合，从而达到优质教学的目的。例如，在课堂中演绎课本内容时，学生在表演的过程中将动作、书面、借助媒体播放的音乐等话语模式融合在一起。在课堂教学中使用多种话语模式，会让学生对教师所讲授的知识点有更深入的理解，从而使教学效果得到提升。因此，教师在利用不同话语模态确保学生能够有效接收信息的同时，也要让学生学会运用不同的话语模式输出信息，从而提升教学质量。

在课堂教学中，学生会用多种模态接收教师传递的信息，被学生频繁使用的模态会直接影响教师的教学模式、教学方法以及最后的教学效果。在日语课堂教学实践中，由于各类模式发挥的作用不同，发挥作用大的模式被称为"主模式"，而其他发挥作用次于"主模式"的则被称为"辅模式"。主模式和辅模式之间并非独立的，二者是相辅相成的，共同实现课堂教学话语意义。在日语课堂教学实践中，除了有不同种类的模式还有各种各样的模态。模态的划分也同模式一样，主要以其发挥作用的大小分为主模态和辅模态，辅模态同样对主模态起到补充作用，二者共同强化教师的输出或学生的输入，以此促进教学活动的顺利开展。

（三）话语、多模态话语与课堂话语

1. 话语

话语其实就是人与人之间的沟通交流，但由于话语广泛应用于各类学科中，各学科不同的研究视角，使得对话语的解释也不尽相同。例如，在话语语言学里，话语指的是文字或者语言，其能够充分表达某种思想或意思，属于较大的语言单位。而在超语言学和符号学中，话语则是言语整体，其基本单位是表述。

2. 多模态话语

多模态话语和单模态话语的确定是根据话语涉及的模态数量来决定的。单模态话语中只存在一种模态，而多模态话语中涉及的模态则数量较多，至少为两个。根据社会符号学的观点，多模态话语就是在一个指定、完善的话语体系中，对不同符号的模态进行整合，使其具有特定的意义，以此来达到沟通的目的。另外，也可以把多模态话语定义为一种现象，主要是指多模态话语借助话语、声音、视频等多种形式手段，通过人体的感觉器官形成不同感受，最终实现信息交流的现象。

3. 课堂话语

话语在课堂话语中具有特殊性，而日语课堂话语相较于其他课堂话语来说也是不同的。在日语教学中，首先，教师和学生之间需要借助话语构建沟通的桥梁；其次，日语教学实际上是教师向学生教授语言知识，提高学生的语言学习能力的过程，所以话语也是学生学习的归宿。日语课堂是以学习日语为目的，无论是教师的信息输出还是学生的信息输入，都离不开话语。因此，教师在进行课程设计时，要重视话语在日语课程话语中的重要地位，将文字或语言设为主模态。若使课堂效果达到最佳状态，还需要借助其他模态对主模态进行辅助。

二、多模态话语各模态之间的协同关系

（一）多模态话语的媒体系统

模态和媒体之间既有区别又有联系。首先，模态以媒体为物质基础，没有媒体，模态也就无法存在。其次，模态和媒体的形式是完全不同的，模态和符号相关，是一种符号系统，而媒体则属于物质手段。在教学中，借助多种模态进行信息传递并非毫无依据。首先，模态中的要素是意义，意义的存在是达到交流目的的基础，而意义的产生就来自经过社会长期锤炼的物质的媒体。其次，意义不仅来自物质的媒体，也来各类语言模态，多种语言模态之间的相互结合会产生不同的作用，而这种产生作用的过程也就产生了不同的意义。最后，社会信息传递的需要不是一成不变的，它在多种因素的影响下会产生相应的变化，因此新的模态顺势产生，而旧有的模态因无法适应新的社会信息传递的需要最终被淘汰。

根据媒体的性质和特点，可以将媒体具体划分为语言媒体和非语言媒体。现代社会，媒体的发展以科技为基础，但无论是何种形式的媒体终端，其传播媒介依然无法脱离声音和文字。因此，语言媒体成为人们日常生活中所使用的最主要的媒体，而声音符号和书写符号也成为使用范围最广的两种语言媒体，同时这两种语言媒体也是语言传播的主要媒介。非语言媒体，可以划分为肢体媒体和非肢体媒体。肢体媒体和非肢体媒体虽然同属于非语言媒体，但这二者在形式上有很大的区别。肢体媒体主要是借助人们在沟通时的面部表情和肢体动作来进行信息的传递。而非肢体媒体则是借助外部媒体来进行信息交流，如以科学技术为基础的设备、交流时的环境以及交流者身边的其他人等。在课堂教学中，非肢体媒体的数量也越来越丰富，如在教学过程中"多"不仅指交际者获取信息的感知渠道多，也包括交际者在进行交流沟通时能够使用多种媒介和符号。多模态话语的出现打破了传统表达方式的局限性，让人们在选择表达方式时有了更多的选择。

媒体是信息传递的工具，自身不具备任何意义，但模态能够改变媒体的状态，使其具备意义。例如，当我们看到红灯亮起时会本能地停下脚步，而看到绿灯亮起时知道这是通行的标志。此时的红绿灯仅能用于交通规则中，因为它不仅是媒介，还被赋予了交通规则的意义。这种形式就是给媒介指定某种特定的意义。还有一种基于语法形式的模态，不仅可以为单个符号指定特殊意义，还可以在多个

符号组成一个整体的时候，给这个组合体赋予特定的意义。

（二）多模态话语形式之间的关系

1. 多模态话语关系的理论基础

多模态话语分析综合理论框架的建立是以系统功能语言学理论为基础的。交际者在不同交际过程中的语境和目的是不同的，所以交际者为实现自己的交际目的会选择合适的模态。例如，在课堂教学中，教师可以通过展示 PPT 的形式以视觉模态表达，也可以通过话语由听觉模态表达。交际者自行选择模态的过程就是一个动态的过程，但是它受到交际者主观意志的制约。不同的模态有不同的特点，所以交际者在选择模态的过程中关键是要掌握模态的特点，利用好模态的优势，将它们合理结合，这样才能将不同模态所表现的意义展现出来，从而达到交际的目的。

多种模态之间谁为主、谁为辅并非固定不变的，而是与交际事件的发展阶段相适应。不同阶段，模态当中的文字、图像和动画所占比例是不一样的，这三者在不同阶段都可能占据主导地位。因此，三个要素动态变化的过程在动态多模态话语分析的研究中尤为重要。

2. 课堂中多模态之间的关系

多模态是课堂教学话语的特点，多模态的种类和人体感官相对应，但在课堂教学中，作用最大、占据主导作用的模态是口语模态，因此口语模态也被称为主模态。虽然口语模态在多个模态中占据主导地位，但我们不可以忽视其弊端。口语模态主要借助语言表达，语言转瞬即逝，容易使学生在课堂上遗漏相关知识点。另外，仅仅依靠口语模态，学生很难使相关知识具象化，最终无法透彻理解知识点，而这些不足则需要其他具有相关优势的模态进行弥补。在人际交往的过程中，交际者为达到传递信息的最佳效果，会使用多个模态。然而模态的作用是不尽相同的，口语模态可能以强化其他模态的形式存在，也可能为了补充另一个模态的意义而存在。因此，多模态话语中各个模态之间的相互影响、相互作用会直接影响信息的传递。人类使用多模态话语的目的是多样的，可能为了让自己的交际形式更具吸引力，也可能为了满足人类自身的本能需要。但最主要的是一种模态无法使意义充分表达，从而实现交际的目的，因此要借助多模态话语之间的协调与合作。

多模态话语中存在两种关系，即非互补关系和互补关系。非互补关系是一种模态，但互补关系就是当一种模态存在缺陷，无法完整表达交际者要表述的意义时，交际者会借助其他模态的优势去辅助表达。例如，交际者在沟通过程中仅用话语无法强化义的表达时，还会用肢体语言来进行辅助。在互补关系中，不同的模态发挥的作用是不同的，但只有一种模态占据主导地位，发挥基础作用。补充作用又可以细化为强化和补缺。强化是在多模态话语中其他模态对发挥基础作用的模态的强化作用。例如，在日语课堂教学中，语言是教师与学生之间最主要的交际形式，语言发挥着基础作用，而教师所使用的图片则对语言起强化作用。补缺是两种模态之间的关系，而且这两种模态在交际中处于同等地位，是不可或缺的，但因为这两种模态各自存在一定缺陷，所以需要互为补充。例如，学生在课堂中，视听结合有利于达到有效的听课效果。

非互补关系所表示的也是两种模态之间的关系。模态之间如果有交叉或重叠，在交际过程中语境有交互的关系就是非互补关系所表示的这种关系。模态间的交叉和重叠是以多个模态为基础的，最典型的就是教师在课堂中所使用的PPT。教师将所要讲解的内容输入PPT中，通过阅读的形式，将PPT的内容传递给学生。模态和语境之间不是单独存在的，它们相互影响，形成积极模态和消极模态。例如，情景贯穿整个交际过程，但情景的参与并非主动的，而是根据交际者的交际目的和交际方式被动参与的，因此话语交际是否具有多模态性和对情景的依赖程度密切相关。

（三）多模态话语在日语教学中的协同关系

1. 课堂话语的意义建构

多模态课堂话语分析的理论框架来源于社会符号学及系统功能语言学的理论。在课堂话语的意义建构中，符号是发挥主要作用的因素。课堂话语的意义建构主要是为了将课堂内的各种符号之间的相互作用形成的整体意义传递给学生。因为各类符号贯穿于课堂教学之中，所以各类符号之间的相互作用是值得研究的课题，元功能理论为符号之间的相互作用的研究提供了分析工具。课堂话语的意义建构对象是学生，因此意义建构的完成与否，是由学生是否真正理解各个符号之间的相互作用所决定的。课堂话语的意义建构脱离不开课堂，因此教学环境也影响着意义建构。

话语模态的作用和其他模态的作用存在重合，所以在研究多模态的过程中，不能仅研究话语模态，而是要将话语模态和其他模态看成一个整体，系统梳理整个多模态中不同模态之间的结构以及形成不同结构的过程。多模态中占据主导地位的是话语模态，所以语言系统是研究的重点。如今，对语言系统的研究已经达到相对成熟的阶段，无论是词汇还是语法都已形成自己的研究体系。但是，其他模态的研究还有很大的上升空间，特别是在意义层面，词汇语法系统和意义系统之间的区别还很混乱。

2. 日语多模态课堂

（1）日语多模态课堂中的要素

课堂教学的四个必备要素分别是传递教学内容的教师、接收教学内容的学生、辅助教学的教学媒体以及为实现教学目标而设立的教学内容。这四个要素处于同等地位，没有先后之分。在课堂教学过程中，教学媒体是教师向学生传授教学内容的工具，学生在学习中占据主体地位，教师则在课堂教学中发挥着主导作用，这四个要素相互影响、相互制约，使教学具备了特殊的意义。课堂四要素直接影响课堂质量，而课堂四要素功能的发挥又受到多模态的影响，所以日语教育者要处理好课堂四要素和多模态之间的关系。

①教师。教师的作用不仅体现在教学过程中，也体现在课前教学工作的准备、课后对教学工作的反思以及改进教学工作的过程中。口语是教师最主要的语言表达方式，但教师在授课过程中的表情、声音、语调等都会融入教师的语言表达中。日语教学是语言教学，对教师的话语表达要求较高，所以教师在上课的过程中，无论是发音的音量，还是在进行话语时感情的表达都是需要注意的。

无论是教师还是学生，在课堂当中使用单一的模态是行不通的，特别是学生，如果仅用一种模态学习，既无法透彻理解相关知识点也无法加强相关记忆，无法使学习效果达到最佳状态，因此要借助其他模态来辅助主模态。师生之间的交流不仅有语言一种模式，还有眼神、表情等其他模式，教师在课堂中要注意面部表情的管理，尽可能使用温柔的表情和学生进行沟通，这样不仅能够获得学生积极有效的反馈，还能够使课堂效果得到提升。

除上述因素外，教师还要注意自己的身体语言和自身的穿衣风格对学生所产生的影响。首先，身体语言的作用有时远远超过话语的作用。学生对知识点的理解可能并非来自教师在课堂上的语言讲解，而是教师的一个手势或一个动作。其次，如果教师平时偏好穿着易于吸引人注意的服装，那么教师很难将学生的注意力集中到课堂教学活动中。

②学生。多模态课堂由多个部分组成，最重要的组成部分是学生。课堂教学要想取得满意的教学成果，不仅要有教师对学生的现场教学，还要有学生自身对知识的主动探索。学生可以通过眼、耳、手等器官收集信息，然后对这些信息进行整理并形成自己的知识体系，并与教师交流自己所建立的知识体系。在课堂教学中，教师和学生之间不应是单一的听与被听的关系，教师和学生要形成有效的交流闭环。这种交流闭环不仅有能体现学生积极回应教师的语言交流，还有教师和学生之间传达语言之外信息的眼神交流。而且，师生之间的眼神交流也是评价一堂课是否成功的关键因素。在成功的课堂中，教师从学生的眼神中得到的信息是积极、正面的；而在失败的课堂中，教师从学生的眼神中得到的信息是消极、负面的。

为使多模态教学获得更好的成果，教师和学生都需要注意非语言因素所体现的话语意义。对教师来说，教师要注意自身语言和肢体语言的表达。而学生要主动和教师借助语言或眼神形成有效沟通，让教师及时获得课堂反馈，这有利于教师改进教学活动，促进优质课堂教学成果的形成。

③教学内容。教学内容主要包括三部分：教师要教授给学生的知识、教师在课堂中所需掌握的技能以及教师在教学过程中的行为规范。教学内容的传播形式多种多样，但视觉和听觉是主要模态。

计算机技术的发展使 PPT 走进了多模态教学，而教师在制作 PPT 时所使用的不同样式的字体、多彩的背景以及各式的图片等因素都是在借助视觉模态符号传播教学内容。不同的教学模态有不同的侧重点。在情景教学中，更加强调学生对词汇的认识和记忆，所以常常会借助实物去加深学生对知识点的理解。而此时图片和视频的作用相对于实物来说就弱了一些。虽然图片和视频各有优点，如图片的直观性和视频的趣味性都能够促进教学目标的实现，但是如果在课堂中同时使用较多的模态可能会干扰学生的理解，反而会使教学效果向不好的方向发展。听觉模态符号是由教师有感情地讲述课堂相关内容、课程相关内容的录音、学生针对教师所提问题的发言和讨论等组成。不同模态的听觉符号具有不同的作用。

例如，教师有感情地讲述课堂相关内容，能够获得更多学生的注意力，加深学生对课堂内容的理解。学生的发言和讨论既能与教师形成积极互动，又能促进同学之间的沟通和交流。同学习其他语言的学生一样，学习日语的学生也在借助音频材料提升自己的听力水平和口语水平。

④教学媒体。教学过程中存在着教师通过怎样的方式向学生传递信息的问题，而这个方式指的就是教学媒体。多模态教学是以计算机和互联网为技术基础的，要想让学生学好日语，让教师的课堂效果不断提高，那么一定要利用好现代科学技术，如多媒体教学平台、网络互动平台等。

教学过程就是教学活动的开展，其目的就是让学生不仅掌握教师所讲的知识内容，还能进一步促进学生的身心发展。教学活动的开展要具备以下三个条件：丰富的硬件资源、教师对学生特点的分析以及教师对现有教学条件的利用。

（2）日语多模态课堂的教学过程

日语多模态课堂教学可以划分为多个阶段：开始、教学目标、导入、文化背景介绍、课文内容解读、语言讲解、课程内容所涉及的主题总结、语言类总结、课后作业以及最后的评价。不同的教学阶段有不同的教学目标，为实现教学目标，教师一定要明确自己在不同阶段中的角色定位。

（3）多模态在日语课堂中的协同建构

因为单一的系统符号无法达到表述者传递信息的目的，所以这就要求表述者结合多种系统符号传递信息。新形式的日语课堂已打破传统的单一的语言模态教学壁垒，将多种模态融入课程中。课堂教学中涉及的模态形式是多样的，具体有六种表现形式。第一种是教师和学生在课堂当中口头语言的互动，就是口头模态；第二种是视觉模态和听觉模态的融合，主要依靠现代科学技术通过 PPT 展现出来；第三种是教师和学生在进行教学活动时的各类举动；第四种是教师和学生所展现的各种肢体语言；第五种是教师面部展现的不同表情；第六种是教室内各类物品的陈列形式。

在日语的课堂教学中，教师不仅要帮助学生掌握日语相关知识、提高日语的学习能力，还要规范学生的日常行为。要实现这一目标，离不开各类模态之间的相互配合。以下内容是对各类模态之间的相互配合及其意义的论述。

①课堂布局影响教学效果。课堂布局主要包括黑板、教师在课堂中使用的

PPT、讲台等要素，不同的要素有不同的功能。例如，黑板和 PPT 是教师在教学中的辅助工具，用来向学生教授课程内容，讲台则是为教师服务的，用来强化教师在教学中的角色。

②无论是传统的教学课堂还是创新后的教学课堂都是以教师通过话语向学生输出信息的形式为主。因此，听觉模态在课堂教学中占据主导位置。教师要充分了解其他模态的作用和特点，通过其他模态的辅助，使听觉模态的效果达到最佳水平。

③口语模态是日语教学中的主要模态，教师能否将日语学习要点通过话语传递给学生，是提升学生日语能力的关键。因此，口语表达清晰、准确是教师在日语教学课堂中要达到的基本要求。另外，教师还要注意口语表达节奏。节奏过快，学生可能无法跟上教师的思维，造成知识点的遗漏；节奏过慢，会导致课堂氛围枯燥、乏味，分散学生的注意力，影响学生的听课效果。

④影响教学质量的因素有很多。首先是教师在课堂教学中对视觉模态和话语模态的合理使用，教师不能单一地使用其中一种模态，而是要将二者结合起来，使它们能够互为补充，以达到帮助学生理解课堂内容的目的。其次是教师的外部展现，这包括教师的着装、表情、在教学过程中的肢体动作等。

三、多模态话语日语教学模式的构建

（一）多模态话语分析理论及教学设备

1. 多模态话语分析理论

多模态话语分析理论是以提高教学的整体效果为目的，其具有以下三个优点：首先是打破了传统教学的局限性，使教学方式得到创新；其次使学生对知识点的理解更加具体；最后是教学中的语态资源不再是单一的资源，而是经过整合的多种资源，资源更加丰富、立体。在日语教学中，多模态话语的构建使学生在日语学习中的主体地位更明显，课程内容对学生更具吸引力，也为现代课程教育的创新打下了坚实的基础。

2. 多模态的教学设备

教材在多模态教学资源中占据十分重要的地位，所以在日语课堂教学中，仍不能忽视教材的作用。而网络、多媒体的使用主要用来引导学生学习，在教学中并非占据主导地位。

如今，日语教学使用的教材一般都会配备光盘作为教学资料，光盘可以以图片与文字的形式向学生展示知识，使学生获得新的知识体验，这有利于提升学生的日语素养。在多模态的日语教学课堂中，首先，日语教师要了解学生的认知规律，在做好分析的基础上，设计多媒体教学课件；其次，教师要保证课件内容有一定的深度和广度；最后，教师要学会运用丰富的教学形式对学生加以引导。如此一来，便能提升学生的学习兴趣，让学生主动学习，从而有效提升日语教学效果与质量。

（二）多模态话语日语教学模式构建的原则

1. 工具原则

实践证明，基于多模态话语的日语教学模式需要教师在教学中运用多种教学工具以辅助教学，从而提升日语教学的效率。教师在日语教学中运用多种教学工具可以提高日语教学的创新性。一方面，教师可以借助多媒体来辅助教学，从而可以采用多种教学方法提升学生参与教学活动的积极性。另一方面，在完成教学方法整合的基础上，教师能够更加科学地运用教学工具，这就打破了以往的教学模式，有利于促进日语教学的改革并推动日语教学的发展。

2. 助手原则

在整合教学方法的过程中，运用多模态构建日语教学模式对教学效果的提升有较大的促进作用。但是对于日语教学来说，这种教学模式更多地体现的是一种助手作用，因而也不能对其过于依赖。坚持助手原则就意味着，在多模态的日语教学中，教师要扮演好引导者的角色，积极了解学生学习的实际情况，整合教学方法并对其加以创新，从而使多模态话语在日语教学中发挥助手价值，切实帮助学生提高学习兴趣、学习效率。

3. 补充原则

补充原则是指日语课程教学的内容可以在多模态教学模式的帮助下实现有益补充。在这种教学模式下，日语教学将教学的重点集中在学生的发展上，针对学生的学习情况创设良好的学习环境。与此同时，多模态话语日语教学模式的构建还能提升日语教学的整体效果，丰富日语教学的内容，对教育体系的完善与发展也起着积极的促进作用。

（三）多模态话语日语教学模式构建的策略

1. 优化多模态日语课程

随着社会的进步，日语课程教学也迎来了改革。优化课程教学、以多模态话语的形式创设新的日语课程教学模式，可以为学生的日语学习创设一个更具个性化和交互性的教学环境。这样一来，学生的学习兴趣就会更高，日语课程教学也能收获更为多样的教学方法与手段。多模态日语课程的优化可以从两个方面进行。第一，教师要重视提高自身的日语语言文化学习能力。对于日语教师而言，其开展教学之前就应当充分了解多模态的教学环境，丰富语言文化学习能力；在教学实施过程中，教师要选取多样化的教学手段，重视学生在课堂中的主体地位，让学生投入学习活动之中并掌握学习的主动权，从而切实实现课程的优化。第二，要让学生深入真实的教学情境中，教师应组织丰富多彩的学习活动，建立学习群以促进学生与学生、学生与教师间的交流互动。第三，在日语课程教学中，教师要学会整合与利用教学资源，加强日语实践教学，让日语教学深入社会实践，从而在真实的语言环境中培养学生的日语语言思维和日语应用能力。

2. 创新多模态教学模式

在日语教学中，通过设计多模态教学模块，教师能够更有针对性地创设辅助化的教学环境。同时，教师要在尊重学生差异的基础上选取恰当的日语教学方法，激发学生学习的主动性与积极性，提升课程教学整合的实际效果，实现教学模式的创新。

首先，要对多模态教学加以引导。在日语多模态教学中，教师要发挥引导作用需要提前安排好教学计划，在学习开始之前向学生阐明学习计划，帮助学生在了解学习目标与任务的前提下，做好自身的学习安排。同时，教师要引导学生完成课程所布置的学习任务，并借助多模态的教学方式辅助学生学习。总之，要选用恰当的教学方式激发学生的学习兴趣，以提升多模态教学的实际效果。

其次，要为日语教学增添数字化的教学手段。在日语多模态教学中，可以创设数字化的教学平台来辅助教学，以此来推动日语教学的进程。辅助化教学需要有明确的教学目标，将教学的重点放在课堂教学与课后考查两个方面，加强对学生学习的引导，利用好多模态的教学资源以增强课程教学的个性化，从而实现学生与教师的双向互动与交流，从整体上提升日语教学的价值。与此同时，日语教师和学生一般从以下两个方面入手对教学的单元主题内容进行整合。第一，要整理教学材料，包括教学所需的教材、课件以及音乐资料等。教师要发挥好指导作用，在教学中完成数字化教学资源的输入，从而帮助学生阅读材料并完成讨论，学生在辅助化教学的帮助下，能够主动地参与学习，为教学活动的整合与创新提供动力。第二，日语教师要及时对学生的专业能力进行巩固。加强与学生的互动与沟通，从而培养学生在学习中的批判性思维。教师还要利用好多模态移动教学模块，创设良好的数字化教学环境，以丰富的辅助教学手段使学生获得更丰富的学习体验，从而提升课程教学的整体效果。另外，教师要创新多模态的教学方式，帮助学生提升自我学习能力和学习的自主性，使学生时刻保持参与学习活动的热情。

第四节　新时代课程思政下的日语教学模式

一、日语课程思政教学改革的必要性

将"课程思政"理念融入日语课程的教学设计，是新时代推行德育教育、贯彻"三全育人"的关键措施。从文化自信的角度出发，这一行动为人们提供了有据可依的实践路径，有助于培养日语专业的创新应用型人才。

首先，在新的国家标准教育的要求下，日语是中日友好交流的重要桥梁，日语专业的表现直接关系到国家形象，它同时承担着传承中国文化的任务。因此，在日语教学中，我们必须采用"课程思政"理念进行日语教学设计，同时还要不断丰富日语教学的内容。在开展日语教学设计活动的过程中，我们还应当依据"课程思政"的要求，坚定正确的政治信仰，树立国家安全意识，强化爱国主义情感，在传授日语知识的同时，讲好中国故事，积极传承和弘扬中华优秀传统文化。

其次，就课程的内涵而言，日语课程不仅能够提高学生的日语应用能力，培养其跨文化交际能力及价值观，还能让学生理智地分析日本的社会文化现象，加

强对中国文化的信心，同时也能够在教师的引导下，讲好中国故事，并积极践行社会主义核心价值观。

二、"课程思政"视域下日语课程教学改革措施

（一）提高教师的跨文化能力

为了在日语教学中有效融入中国文化，教师需要具备跨文化意识和能力。这是因为语言和文化是不可分割的。对于跨文化交流而言，跨文化交际能力是促进文化交流和融合的一种基本能力，所以了解各种文化之间的异同是十分必要的。如果在教学过程中，教师能够深入了解中国文化和日本文化的异同，那么他们就可以有针对性地挑选适合的文化内容，并将其融入日语教学中，从而有效提高教学效果。教师需要以正确的教学理念作为教学核心，并不断提高自己的认知和审美水平。作为一位教师，需要认识到中国文化的深层内涵对于日语课程教学的重要意义。为了提高学生的语言表达能力和认知能力，教师应当在日语教学中充分考虑学生的个体特点，结合每个学生的学习情况，提供不同的学习文化资料。只有这样，学生才能够确立科学的理念，并深刻感受到文化因素对于课程教学的影响。

教师在职业成长中不仅需要具备传授课堂知识的能力，还要掌握教学过程中需要用到的教学方式方法，尤其需要学会启发式教学。关于这一方面，学校需要组织教师进行相关的课程培训，鼓励教师主动学习。优秀的理论可以指引教学实践，使其更加有效。为了更好地教授日语，作为教师，需要先了解中国文化的多种不同形式及其所蕴含的不同文化和审美价值，并积极思考如何将这些价值与日语教学有机地结合起来。为了自我发展，教师必须持续不断地学习。因此，教师有必要对日语教材中各年级的文章进行系统性整理，具体分析教材编排的特点和内容，以找到融合中国文化的合适位置并确定需要融合的内容类型。教师需要了解中国文化对日语教学的影响，并能够恰当地运用中国文化来提高学生的认知能力和语言水平，以适应不同的教学阶段。

（二）深入挖掘积极的文化因素

教师在选择教材时，必须清楚中国文化的基本定位，并应在日语教学中体现

其价值的延伸性。在日语教学中，应该注重系统性，遵循教学大纲的要求，而不是完全依据教师个人的喜好来设计教学内容。语言不仅是文化的表现，还可以视为文化的形象。要在日语课堂上引入中国文化因素，教师需要进行教学融合，并通过实践不断积累方法和总结经验。除了让日语教学更加充实，融入中国文化还可以帮助学生通过文化比较的方式来深入理解各自文化的精髓，并提高他们的跨文化意识。在选择中国文化的内容时，要考虑到这些内容与教学主题的相关性。这些文化内容可以作为一种增加知识的工具，它们能够呈现出一种共同的价值观。因此，作为教师，在进行教学时需要考虑到教学的主题特点，并帮助学生整理出中国文化中具有代表性的价值观念。通过有效的讲解，引导学生对这些价值观需要具备认同感。为了使教育更有效，教师应根据不同民族文化的特点，选用合适的方式方法进行融合和整理。教师可以基于这个想法来设计相关的讨论活动，以加深学生的理解，并将日语教学与文化教育有机地结合起来。

日语教学建立在文化基础之上是十分有必要的。为此，教师需要考虑日语教学的基本要素，并从中寻找方向。日语的教学要点涵盖语音、词汇和语言形态等方面。教师可以通过教授具体的词语或句子，帮助学生挖掘文学作品中蕴含的文化价值。这包括让学生对文章的段落进行分析，找出文化差异的具体细节，同时探究日语的形式和语法规则等。通过采用这种方法，教师能够将文字信息和思考活动巧妙结合，创造机会让学生在教师提供的平台上展示和表现自己。教师应根据学生的学习状况不断调整教学内容和方式，使其更符合学生的学习需要。教师应能够使用合适的考核手段和互动评估机制，以验证学生的学业成果，并充分体现将中国文化融入课堂教学的价值。

总之，跨文化交际视域下的日语教学模式创新应该注重学生的主体性和实践性，培养学生的跨文化意识和能力，以适应全球化背景下复杂的国际交流需求。

参考文献

[1] 陈为民. 日语教学的模式分析与跨文化视角解读 [M]. 长春：吉林出版集团股份有限公司，2022.

[2] 董春芹. 跨文化视域下的日语教学研究 [M]. 长春：吉林人民出版社，2019.

[3] 侯越. 中日跨文化交际研究 [M]. 北京：中国传媒大学出版社，2016.

[4] 宋艳军，彭远，凡素平. 全球化语境下的日语文化教学研究 [M]. 青岛：中国海洋大学出版社，2019.

[5] 宋琳，艾昕，崔爽. 日语教学与文化视角 [M]. 北京：中国纺织出版社，2020.

[6] 张壮. 日本文化与日语教学综合探究 [M]. 长春：吉林出版集团股份有限公司，2022.

[7] 李小俞. 中日文化差异与日语教学研究 [M]. 长春：吉林大学出版社，2019.

[8] 李建峰、骆云梅. 跨文化交际理论与实践研究 [M]. 长春：吉林大学出版社，2020.

[9] 冯丽，崔琦超，王艳宇. 跨文化外语交际能力培养实践与理论运用 [M]. 长春：吉林出版集团股份有限公司，2022.

[10] 郭磊. 跨文化交际理论建构及其教学应用探索 [M]. 长春：吉林大学出版社，2019.

[11] 郑娜娜. 跨文化交际能力的培养探究与分析 [J]. 品位·经典，2023，（8）：29-31.

[12] 白红梅，何桂花. 高校日语教学中培养大学生跨文化交际能力的策略研究 [J]. 太原城市职业技术学院学报，2023，（2）：151-153.

[13] 张永泉. "语言与文化"关系及其对外语教学的意义——以跨文化交际为视角 [J]. 辽宁教育行政学院学报，2021，38（5）：28-33.

[14] 张雪梅，黄永亮，李琴. 基于跨文化交际视角的应用型日语人才能力培养研究 [J]. 陕西教育（高教），2022，（6）：50-51.

[15] 魏海燕. "互联网+"背景下高校日语教学中跨文化交际能力的培养 [J]. 办公自动化，2022，27（10）：25-27.

[16] 刘昶. 日语教学在高校的文化导入研究 [J]. 湖北开放职业学院学报，2021，34（18）：127-129.

[17] 周晓冰. 跨文化思辨培养为导向的高校日语听力混合式教学模式研究 [J]. 内江科技，2021，42（9）：157-158.

[18] 陈丽. 跨文化交际视角下大学日语的教学途径 [J]. 大连民族大学学报，2021，23（4）：360-361；381.

[19] 魏海燕. "互联网+"背景下线上线下日语教学模式改革措施研究 [J]. 办公自动化，2022，27（13）：17-19；9.

[20] 江小娟. 线上线下混合式教学模式的实践探索——以"日语视听说"课程为例 [J]. 科教导刊，2023，（2）：97-100.

[21] 徐秀娇. 多模态日语教学应用研究——以教材多模态意义建构为中心 [D]. 昆明：云南师范大学，2021.

[22] 张春妍. 日语实用复合型人才培养现状及提案——以西安市民办培训机构 M 日语学校为主 [D]. 西安：陕西师范大学，2021.

[23] 刘兆波. 日语专业阅读课教师教学困境研究——以两名教师的个案研究为例 [D]. 大连：大连外国语大学，2020.

[24] 耿耀耀. 中国日语学习者外来语习得的影响因素 [D]. 北京：北京外国语大学，2022.

[25] 郑丽. 日语阅读移动学习的实证研究——以微信公众平台为支撑的日语阅读教学实践为例 [D]. 大连：大连外国语大学，2020.

[26] 刘杨. 中日跨文化交际应用视阈下道歉谈话的中日对比研究 [D]. 西安：西安外国语大学，2021.

[27] 阚侃. 跨文化交际能力的文化间性问题研究 [D]. 哈尔滨：黑龙江大学，2018.

[28] 陈燕红. 影响日语专业大学生跨文化敏感度的要素研究 [D]. 哈尔滨：哈尔滨师范大学，2022.

[29] 段心垚. 大学生跨文化接触与跨文化交际能力的相关性研究 [D]. 济南：山东师范大学，2019.

[30] 裴增. 日语教学中跨文化交际能力培养模式研究——以"暧昧表达"能力培养为中心 [D]. 曲阜：曲阜师范大学，2018.